TACITE

ANNALES

LIVRES XI et XII

COLLECTION DES UNIVERSITÉS DE FRANCE

publiée sous le patronage de l'ASSOCIATION GUILLAUME BUDÉ

TACITE

ANNALES

TOME III

LIVRES XI et XII

TEXTE ÉTABLI ET TRADUIT

PAR

PIERRE WUILLEUMIER

Cinquième tirage

PARIS

LES BELLES LETTRES

2022

Conformément aux statuts de l'Association Guillaume Budé, ce volume a été soumis à l'approbation de la commission technique, qui a chargé M. Henri Le Bonniec d'en faire la révision, en collaboration avec M. Pierre Wuilleumier.

Le deuxième tirage a été revu et corrigé par M. Joseph Hellegouarc'h en 1994.

95 boulevard Raspail, 75006 Paris
www.lesbelleslettres.com

Premier tirage 1976

ISBN : 978-2-251-01266-7
ISSN : 0184-7155

PRÉFACE

Selon le principe énoncé au début du tome II, ce volume ne comprend que les livres XI et XII, les seuls qui concernent le règne de Claude. A l'inverse des précédents, ils proviennent d'une tradition abondante et plus ou moins tardive, dont le dépouillement, effectué récemment par R. Hanslik et H. Weiskopf, a permis d'améliorer le texte sur certains points et de développer l'apparat critique. En regard, nous avons aussi multiplié les notes, en ajoutant aux indications historiques quelques remarques littéraires. Si l'édition d'E. Koestermann apparaît parfois trop fidèle à un manuscrit contestable, son abondant commentaire reste toujours très précieux.

Nous exprimons de nouveau notre sincère gratitude à nos fidèles collaborateurs et réviseurs.

P. W.

INTRODUCTION

Les nombreuses études consacrées ces derniers temps à la seconde partie des *Annales* ont porté essentiellement sur la tradition manuscrite. Les recherches et les découvertes de C. W. Mendell ont provoqué d'abord des plaidoyers chaleureux ou des réquisitoires violents à l'égard d'un revenant, le *Leidensis* BPL 16 B (*L*)[1], puis entraîné, selon le vœu même de son principal défenseur, E. Koestermann, dans la dernière édition de la collection Teubner[2], une recension générale, un dépouillement minutieux et un classement méthodique, entrepris, notamment pour les livres XI et XII, par l'équipe de R. Hanslik[3], qui est parvenue aux résultats suivants.

Les trente-trois manuscrits connus, qui datent tous, sauf un seul, du XVe siècle, dérivent, d'après leurs fautes communes, d'un archétype en minuscule carolingienne, lui-même issu d'un texte en onciale du IVe siècle. Ils se répartissent en trois groupes, selon qu'ils s'arrêtent, dans le livre V des *Histoires*, soit à 26, 3 *in Pannonia*, soit à 23, 2 *potiorem*, soit à 13, 1 *euenerant*.

1. C. W. Mendell, *Manuscripts of Tacitus XI-XXI*, in *Yale Class. Stud.*, VI, 1939, p. 39-70 ; *Amer. Journn. Phil.*, LXXII, 1951, p. 337-345 ; LXXV, 1954, p. 250-270. Cf. t. I, *Intr.*, p. LIII-LV. H. Fuchs, 3e édit., Frauenfeld, 1973, p. 180-181.

2. E. Koestermann, *Philol.*, 104, 1960, p. 92-115 ; *Edit.*, 1965, p. XX-XXI.

3. Cf. *infra*, p. XII.

Le premier groupe comprend dix-sept manuscrits. En tête se détache le plus ancien et le meilleur de tous, le *Laurentianus* ou *Mediceus* 68, 2 (M^2), qui a été rédigé en écriture lombarde, vers le milieu du XIe siècle, à l'abbaye du Mont-Cassin, d'après un modèle du IXe siècle, apporté du monastère de Fulda en Allemagne ou peut-être conservé en Italie ; il a été corrigé par le copiste lui-même (*M'*), puis, vers la fin du XIIIe siècle, par un réviseur (*M''*), qui s'est inspiré d'une tradition parallèle.

Ainsi remanié, ce précieux spécimen semble avoir été reproduit peu après par le sub-archétype de quatre exemplaires, plus ou moins fautifs :

le *Holkhamicus* 359 (*Hol*),
le *Laurentianus* 68, 5 (*B*),
le *Laurentianus* 63, 24 (*L 24*),
le *Zaragosa* 9439 (*Z*).

Une autre famille réunit huit manuscrits, supérieurs aux précédents, surtout les deux premiers, rédigés à Gênes en 1449 et en 1463 :

le *Vaticanus Latinus* 1958 (*V58*), sur lequel F. Grat et H. Quentin avaient déjà attiré l'attention [1],
le *Bodleianus* 27605 (*B 05*),
le *Gudianus* 118 (*G*),
l'*Harleianus* 2764 (*H*),
le *Malatestianus Caesenas* II, 13, 5 (*Mal*),
le *Parmensis* 861 (*Prm*),
le *Jesu Collegii Oxoniensis* 109 (*J*),
le *Bodleianus* 34372 (*B 72*).

Leur source commune, qui remonterait aussi à la fin du XIIIe siècle, et qui aurait inspiré *M''*, semble dériver d'une filière parallèle à M^2, mais autonome ; cependant les auteurs ont un peu tendance à exagérer leur valeur [2].

1. F. Grat, *Mél. Ec. Fr. Rome*, XLII, 1925, p. 31 sqq. H. Quentin, *Essais de critique textuelle*, Paris, 1926, p. 165.
2. Cf. P. Wuilleumier, *Rev. Et. Lat.*, 1974, p. 453-454 ; 1975, séance du 8 février ; *Mél. J. Heurgon*, Rome, 1976, t. II, p. 1033-1034.

Viennent ensuite deux exemplaires apparentés aux précédents :

le *Yalensis* I (*Y 01*),
le *Yalensis* II (*Y 02*) ;

et deux autres, qui se rapprochent des suivants :
l'*Urbinas Latinus* 412 (*U*),
le *Yalensis* III (*Y 03*).

Le deuxième groupe se compose de neuf spécimens :
le *Parisinus* 6118 (*P*),
le *Neapolitanus* IV C 23 (*N 23*),
le *Vaticanus Latinus* 1863 (*V 63*),
le *Venetus* 381 (*Ven*),
le *Vindobonensis* 49 (*Vin*),
le *Stuttgartiense Exemplar* de la *Spirensis Editio* (*Stuttg.*),
le *Neapolitanus* IV C 22 (*N 22*),
le *Leidensis* BPL 16 B (*L*),
le *Budensis* 9 (*C*).

Le plus fameux et le plus contesté, *L*, postérieur à 1475, redevient un exemplaire d'humanistes : dérivé, semble-t-il, de *Stuttg.* et influencé par plusieurs autres, il partage avec eux beaucoup d'erreurs et quelques vérités ; il se distingue par une grande fantaisie, des variantes lointaines, des inversions inhabituelles et certaines trouvailles originales, qui paraissent venir, non pas d'une tradition ancienne, mais de conjectures récentes.

Le troisième groupe se limite à sept manuscrits secondaires :

le *Laurentianus* 68, 4 (*A*),
le *Vaticanus Latinus* 2965 (*V 65*),
le *Vaticanus Latinus* 1864 (*V 64*),
le *Neapolitanus* IV C 21 (*N 21*),
l'*Ottobonianus* 1748 (*O 48*),
l'*Ottobonianus* 1422 (*O 22*),
le *Kopenhagensis Hauniensis* Gl. Kgl. S 496 (*K*).

Le premier se rapproche de *Y 03*, tandis que les deux derniers ont des points communs avec la famille de *V 58*.

Des interférences réciproques empêchent d'établir un *stemma* précis.

Ce répertoire complet nous a permis de développer l'apparat critique, à partir des leçons fournies par les manuscrits les plus appréciés et discutés, *M*, *V 58* et *L*.

A ces recherches paléographiques, il convient d'ajouter, outre les études générales mentionnées dans les tomes I et II, quelques articles récents de philologie et d'histoire :

BIBLIOGRAPHIE

R. Hanslik et I. Schinzel, *Historiarum liber II*, Wiener Studien, Beiheft 3, Vienne, 1971.

R. Hanslik et H. Weiskopf, *Annalium libri XI-XII*, Wiener Studien, Beiheft 4, Vienne, 1973.

R. Hanslik, *Versuch einer Wertung der Handschriften von Tacitus*, in *Antidosis, Festschrift für W. Kraus*, Wiener Studien, Beiheft 5, Vienne, 1972, p. 139-149.

A. Seel, *Zum Ueberlieferungswert des Tacitus Codex Leid. BPL 16 B*, in *Studii Clasice*, XIV, 1972, p. 95-110.

M. Zelzer, *Zur Frage der Vorlage des Tacitus-Codex Mediceus 68, 2*, in *Wien. Stud.*, 86, 1973, p. 185-195.

B. Baldwin, *A Sallustian echo in Tacitus*, in *Illinois Class. St.* 15, 1990, p. 293-294 (*ad* XII, 7, 2).

H. W. Benario, *Annals 11 and 12*, Lanham-New York-Londres, Univ. Pr. of America, 1983.

P. A. Brunt, *Latomus*, XXV, 1966, p. 461-489 (*ad* XII, 60).

J. Crook, *Class. Rev.*, XVII, 1967, p. 7-8 (*ad* XII, 53, 1).

S. K. Dickison, *Claudius : Saturnalicius princeps* in *Latomus*, 36, 1977, p. 634-647.

T. A. Dorey, *Class. Phil.*, LX, 1965, p. 265 (*ad* XI, 6-7).

D. Flach, *Die taciteische Quellenbehandlung in den Annalenbüchern XI bis XVI*, in *Mus. Helv.*, 30, 1973, p. 88-103.

D. Flach, *Die Rede des Claudius De iure honorum Gallis dando*, in *Hermes*, CI, 1973, p. 313-320 (*ad* XI, 24).

H. Fuchs, *Mus. Helv.*, 20, 1963, p. 213-218 ; 229 (*ad* XI, 8, 1 ; 30, 1-2 ; XII, 15, 2 ; 38, 3 ; 40, 1 ; 64, 1-2 ; 65, 2) ; 22, 1965, p. 116 (*ad* XII, 40, 1 ; 64, 1).

M. Griffin, *Claudius in Tacitus* in *Cl. Quart.* 40, 1990, p. 482-501.

H. Heubner, *Wien. Stud.*, 77, 1964, p. 141-143 (*ad* XI, 30, 2).

J. N. Keddie, *Italicus und Claudius* in *Antichthon*, 9, 1975, p. 52-60 (*ad* XI, 16-17).

E. Keitel, *The structure of Annals 11 and 12*, Diss. Univ. of North Carolina at Chapel Hill, 1977 (microfilm) ; cf. *Diss. Abstr.* 38, 1977, 3463 A-3464 A.

E. Keitel, *A Livian reminiscence of Tacitus* in *Cl. W.* 71, 1978, p. 382-383 (*ad* XII, 52, 3).

E. Keitel, *The role of Parthia and Armenia in Tacitus Ann. 11 and 12* in *Am. Journ. Phil.* 99, 1978, p. 462-473.

A. Mehl, *Tacitus über Kaiser Claudius* (Stud. u. Test. ant. XVI), München, Fink, 1974.

F. Millar, *Historia*, XIII, 1964, p. 180-187 (*ad* XII, 60).

F. Römer, *Das Ende des Valerius Asiaticus*, in *Festschrift für W. Kraus*, Wiener Studien, Beiheft 5, Vienne, 1972, p. 290-296 (*ad* XI, 1-3).

L. Seager, *Historia*, XI, 1962, p. 377-379 (*ad* XII, 60).

Kl. Ph. Seif, *Die Claudiusbücher in den Annalen des Tacitus*, Diss. Mainz, 1973.

D. Stockton, *Historia*, X, 1961, p. 116-120 (*ad* XII, 60).

D. Sullivan, *Innuendo and the « weighed alternative » in Tacitus* in *Class. Journ.* 71, 1976, p. 312-326.

G. B. Townend, *Claudius and the digressions in Tacitus*, in *Rhein. Mus.*, CV, 1962, p. 358-368.

D. Whitehead, *Tacitus and the loaded alternative* in *Latomus*, 38, 1979, p. 474-495.

SIGLA SELECTA

I. — Codices.

M = Mediceus alter Laurentianus 68, 2 (XI saec.).
M' = emendationes contemporaneae eiusdem codicis.
M'' = emendationes posteriores in textu eiusdem codicis.
M^{m} = emendationes posteriores in margine eiusdem codicis.
V 58 = Vaticanus Latinus 1958 (XV saec.).
L = Leidensis B PL 16 B (XV saec.).
L' = emendationes eiusdem codicis.
recc. = alii codices (XV saec.).

II. — Editiones vel stvdia.

Acidal. = V. Acidalius, Hanovre, 1607.
Andresen = G. Andresen, Berlin 1892 sqq. ; Leipzig, 1913 sqq. ; *Studia critica*, Berlin, 1899-1900.
Baiter = J. C. Baiter, Zürich, 1859.
Beroald. = Ph. Beroaldus, Rome, 1515.
Bezzenberger = G. Bezzenberger, *Emendationum delectus*, Dresde, 1844.
Doederlein = L. Doederlein, Halle, 1841-1847.
Draeger = A. Draeger, Leipzig, 1868.
Ernesti = J. A. Ernesti, Leipzig, 1752 ; 1772.
Freinsheim = J. Freinsheim, *Specimen*, Strasbourg, 1641.
Fuchs = H. Fuchs, Frauenfeld, 1946-1949 ; 1973 ; *Mus. Helv.*, 20, 1963, p. 213-218 ; 229.
Furneaux = H. Furneaux, Oxford, 1891 ; 1907.
Goelzer = H. Goelzer, Paris, 1923-1925.
Jac. Gronov. = Jac. Gronovius, Utrecht, 1721.

J. F. Gronov. = J. F. Gronovius, Amsterdam, 1672 ; 1685.
Haase = F. Haase, Leipzig, 1855.
Halm = C. Halm, Leipzig, 1850 ; 1883.
Hanslik = R. Hanslik, Vienne, 1973.
Heins. = N. Heinsius, *Miscellaneae observationes*, Leipzig, 1738.
C. Heraeus = C. Heraeus, Leipzig, 1877.
Jackson = J. Jackson, Londres, 1937 ; 1963.
Jacob = E. Jacob, Paris, 1875-1877.
Koestermann = E. Koestermann, Leipzig, 1965.
Lips. = J. Lipsius, Anvers, 1574 sqq.
Madvig = J. N. Madvig, *Adversaria critica*, 3 vol., Copenhague, 1871-1874.
Muret. = M. A. Muretus, *Notae*, Hanovre, 1607.
Nipperdey = K. Nipperdey, Berlin, 1851 sqq.
Orelli = J. Orelli, Zürich, 1846-1848.
Pichena = C. Pichena, Francfort, 1607 ; Genève, 1609.
Puteol. = F. Puteolanus, Milan, 1475 ; Venise, 1497.
Rhen. = B. Rhenanus, *ed. Frobenia*, Bâle, 1533 ; 1544.
Ritter = Fr. Ritter, Bonn, 1834-1836 ; Cambridge, 1848 ; Leipzig, 1864.
Ruperti = G. A. Ruperti, Hanovre, 1834.
Ryckius = Th. Ryckius, Leyde, 1687.
Sörbom = G. Sörbom, *Variatio sermonis Tacitei*, Upsal, 1935.
Syme = R. Syme, *Tacitus*, Oxford, 1958.
Urlichs = K. L. Urlichs, *Rhein. Mus.*, 31, 1876, p. 500-504.
Vertran. = M. Vertranius Maurus, *Notae*, Lyon, 1569.
Walther = G. H. Walther, Halle, 1831-1833.
Weiskopf = H. Weiskopf, Vienne, 1973.
Wurm = Ed. Wurm, *Philol.*, VIII, 1853, p. 363 ; IX, 1854, p. 92-97.

De aliis, cf. W. Engelmann et E. Preuss, *Bibliotheca scriptorum classicorum*, Leipzig, II, 1882, s.v. *Tacitus* ; E. Koestermann, *Edit.*, Leipzig, 1965, p. XXIX sqq. ; H. Heubner, *Edit. Ann.*, Stuttgart, 1983, p. III-XI ; K. Wellesley, *Edit. Ann. XI-XVI*, Leipzig, 1986, p. IX-XIX.

LIVRE XI

SOMMAIRE DU LIVRE XI

La grande lacune des livres VII à X s'étend à la première partie du XI ; les 38 chapitres qui en subsistent doivent représenter environ la moitié de l'ensemble. Ils comprennent l'essentiel des années 47 (**1-22**) et 48 (**23-38**) ap. J.-C., de la mort d'Asiaticus à celle de Messaline.

A) Affaires judiciaires :

1-3. A l'instigation de Messaline, sous les attaques de P. Suillius, Poppée est poussée au suicide et Valerius Asiaticus se donne la mort en toute sérénité. — **4**. Un rêve sert de prétexte à la condamnation des frères Petra, chevaliers romains. — **5-7**. Après un long débat, Claude impose une limite aux honoraires des avocats.

B) Affaires extérieures :

8-10. Rivalités en Arménie et chez les Parthes. Désignation de rois soutenus par Rome.

C) Affaires intérieures :

11. Célébration des jeux séculaires. — **12**. Passion de Messaline pour C. Silius. — **13**. Censure de Claude, qui ajoute trois lettres à l'alphabet. — **14**. Digression sur l'écriture. — **15**. Réorganisation des haruspices.

D) Affaires extérieures :

16-17. Dissensions parmi les Chérusques sur la désignation d'un roi soutenu par Rome. — **18**. Une incursion des Chauques est repoussée par Corbulon, qui impose à l'armée une discipline rigoureuse. — **19**. Il soumet les Frisons. — **20**. Il est rappelé par Claude, qui lui confère les ornements du triomphe.

E) Affaires institutionnelles :

20-21. Carrière d'un parvenu, Curtius Rufus. — **22**. Arrestation du chevalier romain Cn. Nonius. — Digression sur l'histoire de la questure.

23-25. Malgré l'opposition de l'aristocratie romaine, Claude accorde aux notables de la Gaule Chevelue le droit d'accès aux magistratures de l'État. — **25.** Il complète le patriciat, épure le sénat et clôt le lustre.

F) Conduite scandaleuse de Messaline :

26-27. Elle épouse solennellement C. Silius pendant un voyage de Claude à Ostie. — **28-30.** Réactions des affranchis, maîtres du pouvoir. — **31.** Elle organise une bacchanale dans sa maison. — **32-34.** Narcisse pousse l'empereur à sévir. — **35-38.** Il impose le châtiment des coupables. — **38.** Le meurtre de Messaline laisse Claude indifférent.

LIVRE XI

LIVRE XI

1. ⟨...⟩ 1 Car elle crut que Valerius Asiaticus, deux fois consul, avait été jadis l'amant de cette femme [1] ; et, comme elle convoitait [2] également ses jardins, qui, commencés par Lucullus, étaient embellis par ses soins avec une rare magnificence, elle lance Suillius [3] à l'accusation de l'un et de l'autre. On lui adjoint Sosibius [4], précepteur de Britannicus, qui, sous prétexte de rendre service, mettrait Claude en garde contre une influence et une richesse hostiles aux princes : 2 Asiaticus, principal instigateur du meurtre de C. César [5], n'avait pas craint de confesser son crime en pleine assemblée du peuple romain et, qui plus est, de s'en glorifier [6] ; rendu par là célèbre dans la Ville, une fois son renom répandu dans les provinces, il se préparait à partir pour les armées de Germanie, parce que, originaire de Vienne [7] et s'appuyant sur de nombreuses et puissantes parentés, il avait les moyens de soulever les nations de sa race. 3 Quant à Claude, sans examiner plus avant, il envoya des soldats à marches forcées, comme pour étouffer une guerre,

1. En 47, Messaline, jalouse de Poppée (cf. 2 ; 4), se venge sur l'homme qui, consul avant 41 et en 46, possédait les jardins de Lucullus au Pincio (32 ; 37). Cf. Dion, LX, 29, 4-6. P. Grimal, *L'amour à Rome*, 1963, p. 307-8.
2. Même métaphore IV, 12, 3 ; XII, 59, 1 ; XVI, 17, 4.
3. P. Rufus ; deux fois exilé. Cf. IV, 31 ; XI, 4-6 ; XIII, 42-3.
4. Affranchi grec. Cf. 4, 3 ; XII, 41, 3. Dion, LX, 32, 5.
5. Caligula. Cf. Sénèque, *De C.S.*, 18.
6. Josèphe, *Ant.*, XIX, 1, et Dion, LIX, 30, atténuent cet aveu.
7. Cf. Table Claudienne, *C.I.L.*, XIII, 1668, II, l. 15-6.

LIBER XI

1. ⟨...⟩ 1 Nam Valerium Asiaticum, bis consulem, fuisse quondam adulterum eius credidit ; pariterque hortis inhians, quos ille, a Lucullo coeptos, insigni magnificentia extollebat, Suillium accusandis utrisque immittit. Adiungitur Sosibius, Britannici educator, qui, per speciem beneuolentiae, moneret Claudium cauere uim atque opes principibus infensas : 2 Praecipuum auctorem Asiaticum interficiendi ⟨C.⟩ Caesaris non extimuisse in contione populi Romani fateri gloriamque facinoris ultro petere ; clarum ex eo in Vrbe, didita per prouincias fama, parare iter ad Germanicos exercitus, quando, genitus Viennae multisque et ualidis propinquitatibus subnixus, turbare gentiles nationes promptum haberet. 3 At Claudius, nihil ultra scrutatus, citis cum militibus, tamquam oppri-

1, 1 coeptos *M recc.* : emptos *L recc.* || cauere *recc.* : -ri *M* -ret *L.*

2 C. *add. Ruperti* || in contione *L recc.* : contionem *M* contione in *Halm* contione *Lips.* || didita *M recc.* : dedita *recc.* edita *L recc.*

3 scrutatus *M recc.* : sciscitatus *L recc.*

sous les ordres de Crispinus [1], préfet du prétoire, qui le découvrit à Baïes [2], le chargea de chaînes et le traîna dans la Ville.

2. 1 Et on ne l'admit pas au sénat ; c'est dans l'appartement de l'empereur qu'il est entendu, en présence de Messaline [3], sous les attaques de Suillius lui reprochant la corruption des soldats, qu'il se serait attachés par l'argent et le stupre en vue de toute sorte d'infamies, puis son adultère avec Poppée [4], enfin ses mœurs efféminées. A cette accusation, qui triompha de son silence, l'inculpé éclata : « Interroge tes fils [5], Suillius, s'écria-t-il : ils confesseront que je suis un homme. » Et il commença sa défense, provoquant chez Claude une émotion particulière et tirant même des larmes à Messaline. 2 En sortant de l'appartement pour les essuyer, elle avertit Vitellius [6] de ne pas laisser échapper l'inculpé ; elle-même se précipite à la perte de Poppée, en apostant des gens qui, par crainte de la prison, la pousseraient au suicide — à l'insu de César, au point que, quelques jours après, recevant à sa table le mari de Poppée, Scipio, il lui demanda pourquoi il y avait pris place sans son épouse, et l'autre répondit qu'elle avait accompli sa destinée.

3. 1 Cependant, comme il délibérait sur le pardon d'Asiaticus, Vitellius arrive en pleurant ; après avoir rappelé l'ancienneté de leur amitié et les devoirs qu'ils avaient rendus ensemble à Antonia [7], la mère du prince, puis passé en revue les services d'Asiaticus envers l'État et sa récente campagne contre les Bretons [8], enfin tout

1. Rufrius. Cf. 4, 3 ; XII, 42, 1 ; XIII, 45 ; XV, 71 ; XVI, 17.
2. Station balnéaire de Campanie, à l'écart d'un tel complot !
3. Valeria ; troisième épouse de Claude. Cf. 12 ; 26-38 ; XII, 65.
4. Sabina ; épouse de T. Ollius, puis de P. Cornelius Lentulus Scipio, mère de la seconde Poppée. Cf. XIII, 43 ; 45.
5. Nerullinus et Caesoninus. Cf. 36, 4 ; XII, 25, 1 ; XIII, 43, 5.
6. Consul et censeur avec Claude. Cf. VI, 28 ; XI, 33 ; XII, 4.
7. Cf. III, 3, 2 ; 18, 3 ; XIII, 18, 3. Suétone, *Cl.*, 11, 2.
8. Sous les ordres de Claude en 43. Cf. XII, 31, 1.

mendo bello, Crispinum, praetorii praefectum, misit, a quo repertus est apud Baias uinclisque inditis in Vrbem raptus.

2. 1 Neque data senatus copia ; intra cubiculum auditur, Messalina coram et Suillio corruptionem militum, quos pecunia et stupro in omn*e* flagiti*um* obstrictos arguebat, exi*m* adulterium Poppaeae, ac postremum mollitiam corporis obiectante. Ad quod, uicto silentio, prorupit reus et « Interroga, inquit, Suilli, filios tuos : uirum esse me fatebuntur. » Ingressusque defensionem, commoto maiorem in modum Claudio, Messalinae quoque lacrimas exciuit. 2 Quibus abluendis cubiculo egrediens, monet Vitellium ne elabi reum sineret ; ipsa ad perniciem Poppaeae festinat, subditis qui terrore carceris ad uoluntariam mortem propellerent, adeo ignaro Caesare ut paucos post dies epulantem apud se maritum eius, Scipionem, percunctaretur cur sine uxore discubuisset, atque ille functam fato responderet.

3. 1 Sed consultanti super absolutione Asiatici flens Vitellius, commemorata uetustate amicitiae utque Antoniam, principis matrem, pariter obseruauissent, dein percursis Asiatici in rem publicam officiis recentique aduersus Britanniam militia, quaeque alia conciliandae

2, 1 omne flagitium *Rhen.* : omni flagitio *codd.* || arguebat *M recc.* : a- haberet *L* || exim *edd.* : exin *M recc.* exinde *L recc.* || Popp(a)eae *recc.* : poppe *M* || ac *ML recc.* : ad *recc.* || uicto *M* : uincto *rec.* indicto *L recc.* indito *rec.* inito *recc.* initio *rec.*

2 subditis *L recc.* : -tos *M recc.* -tosque *rec.* -to *rec.*

3, 1 percursis *ML recc.* : percussis *recc.* percursiis *rec.* percursii *rec.* percursus *rec.* percusi *M'* perculsis *recc.* praecursis *rec.*

ce qui semblait de nature à lui concilier la pitié, il conclut à lui laisser le libre choix de sa mort ; et Claude se prononça aussitôt pour la même clémence [1]. 2 Ensuite, comme certains l'exhortaient à chercher par inanition un doux trépas, Asiaticus déclara qu'il les dispensait de leur obligeance ; puis, s'étant livré à ses exercices habituels [2], il prit un bain, soupa gaiement, et, après avoir dit qu'il eût été plus honorable pour lui de périr par la rouerie de Tibère ou la fureur de C. César que de succomber à la fourberie d'une femme [3] et à la langue impudique de Vitellius, il s'ouvrit les veines, non sans avoir auparavant visité son bûcher et l'avoir fait transporter d'un autre côté, pour que l'ombrage des arbres ne fût pas diminué par la chaleur du feu ; tant il eut de sérénité à son heure dernière [4] !

4. 1 On convoque ensuite le sénat, et Suillius poursuit en ajoutant au nombre des inculpés deux chevaliers romains de premier rang [5], qui portaient le surnom de Petra. En fait, la cause de leur perte fut d'avoir prêté leur maison aux rencontres de Mnester [6] et de Poppée. 2 Mais le prétexte allégué fut une apparition nocturne, où l'un d'eux aurait vu Claude ceint d'une couronne d'épis [7] aux têtes renversées [8] et aurait tiré de cette vision le présage d'une disette en blé [9]. Certains ont rapporté que la couronne vue par lui était de pampres aux feuilles blanchissantes et qu'il l'avait interprétée comme annonçant, au déclin de l'automne, la mort du prince. Il reste incontesté qu'un songe, quel qu'il soit, causa sa perte

1. Tacite multiplie les traits d'humour noir. Cf. XII, 52, 2.
2. Claude, *C.I.L.*, XIII, 1668, II, l. 14, le traite de *palaestricum prodigium*.
3. Même expression II, 71, 2. Sur Vitellius, cf. VI, 32, 4. L'attitude d'Asiaticus rappelle celle de L. Arruntius, VI, 48.
4. Cf. F. Römer, *Fest. Kraus*, Vienne, 1972, p. 290-6.
5. Cf. II, 59, 3 ; IV, 58, 1 ; 68, 1 ; VI, 18, 2.
6. Pantomime. Cf. 28 ; 36. Suétone, *Cal.*, 36 ; 55. Dion, LX, 22.
7. Insigne des frères Arvales : cf. Pline, *H.N.*, XVIII, 6.
8. Plutarque, *Br.*, 51, relate un *ostentum* semblable.
9. Cf. II, 87, 1 ; III, 54, 4 ; IV, 6, 4 ; VI, 13, 1 ; XII, 43.

misericordiae uidebantur, liberum mortis arbitrium ei permisit ; et secuta sunt Claudii uerba in eandem clementiam. 2 Hortantibus dehinc quibusdam inediam et lenem exitum, remittere beneficium Asiaticus ait, et, usurpatis quibus insueuerat exercitationibus, lauto corpore, hilare epulatus, cum se honestius calliditate Tiberii uel impetu C. Caesaris periturum dixisset quam quod fraude muliebri et impudico Vitellii ore caderet, uenas exsoluit, uiso tamen ante rogo iussoque transferri partem in aliam, ne opacitas arborum uapore ignis minueretur : tantum illi securitatis nouissimae fuit !

4. 1 Vocantur post haec patres, pergitque Suillius addere reos equites Romanos inlustres, quibus Petra cognomentum. At causa necis ex eo quod domum suam Mnesteris et Poppaeae congressibus praebuissent. 2 Verum nocturnae quietis species alteri obiecta, tamquam uidisset Claudium spicea corona euinctum spicis retro conuersis, eaque imagine grauitatem annonae *prae*dixisset. Quidam pampineam coronam albentibus foliis uisam atque ita interpretatum tradidere, uergente autumno mortem principis ostendi. Illud haud ambigitur, qualicumque insomnio ipsi fratrique perniciem

2 dehinc *M recc.* : inde *L recc.* || calliditate tiberi(i) *M recc.* : t- c- *L recc.* t- *rec.* || nouissimae *L recc.* : -me *M recc.*

4, 1 reos *codd.* : reos duos *Fuchs* || at *ML recc.* : alia *rec.* ac *Ryckius* || mnesteris *recc.* : n- *M recc.* uesteris *recc.* inesteris *rec.* in nesteris *rec.* nestoris *recc.* ualerii *L recc.*

2 praedixisset *Rhen.* : dixisset *codd.*, *Eriksson* (*fort. recte*) portendi dixisset *Cornelissen.*

et celle de son frère. 3 Quinze cent mille sesterces et les insignes de la préture [1] furent décernés à Crispinus. Vitellius fit ajouter un million de sesterces [2] pour Sosibius, en raison des services qu'il rendait à Britannicus par ses préceptes, à Claude par ses conseils. Quand on demanda son avis à Scipio lui-même, il répondit : « Comme j'éprouve sur la conduite de Poppée le même sentiment que tous, considérez que je fais la même déclaration que tous » — délicat compromis entre l'amour conjugal et les obligations sénatoriales [3].

5. 1 Depuis lors Suillius pratiqua sans relâche et sans pitié l'accusation de prévenus, et son impudence trouva beaucoup d'imitateurs, car, en attirant à lui tous les pouvoirs des lois et des magistrats [4], le prince avait ouvert un vaste champ au brigandage. 2 Et sur le marché public aucune denrée ne fut plus vénale que la perfidie des avocats [5], au point que Samius, un chevalier romain de haut rang [6], après avoir donné à Suillius quatre cent mille sesterces [7] et appris qu'il prévariquait [8], se perça chez lui de son épée. 3 C'est pourquoi, sur l'initiative de C. Silius, consul désigné, dont je rappellerai le moment venu la puissance et la chute [9], les sénateurs, se levant tous ensemble, réclament l'application de la loi Cincia [10], qui, depuis l'antiquité, interdit de recevoir, pour plaider une cause, le moindre argent ou cadeau.

6. 1 Alors, devant les protestations de ceux contre qui ce blâme était dirigé, Silius, ennemi personnel de

1. Cf. 38, 4 ; XII, 21 ; 53, 2.
2. Montant du cens sénatorial : cf. I, 75, 3.
3. De donner son avis : cf. Tite-Live, XXVIII, 45, 5.
4. De même I, 2, 1 ; à l'inverse XIII, 4, 2.
5. Cf. Sénèque, *Apoc.*, 12, 3 : *o causidici, uenale genus.*
6. Variante d'*inlustris* (cf. 4, 1). — Inconnu par ailleurs.
7. Montant du cens équestre.
8. Cf. VI, 30, 1. Cicéron, *Pro Cl.*, 58.
9. Cf. 12, 2-3 ; 26-36.
10. *De donis et muneribus* ; votée en 204, renforcée en 17 av. J.-C.

adlatam. 3 Sestertium quindecies et insignia praeturae Crispino decreta. Adiecit Vitellius sestertium decies Sosibio, quod Britannicum praeceptis, Claudium consiliis iuuaret. Rogatus sententiam et Scipio, « Cum idem, inquit, de admissis Poppaeae sentiam quod omnes, putate me idem dicere quod omnes » — eleganti temperamento inter coniugalem amorem et senatoriam necessitatem.

5. 1 Continuus inde et saeuus accusandis reis Suillius, multique audaciae eius aemuli : nam, cuncta legum et magistratuum munia in se trahens, princeps materiam praedandi patefecerat. 2 Nec quicquam publicae mercis tam uenale fuit quam aduocatorum perfidia, adeo ut Samius, insignis eques Romanus, quadringentis nummorum milibus Suillio datis et cognita praeuaricatione, ferro in domo eius incubuerit. 3 Igitur, incipiente C. Silio, consule designato, cuius de potentia et exitio in tempore memorabo, consurgunt patres legemque Cinciam flagitant, qua cauetur antiquitus ne quis ob causam orandam pecuniam donumue accipiat.

6. 1 Deinde, obstrepentibus iis quibus ea contumelia parabatur, discors Suillio Silius acriter incubuit,

3 uitellius *L recc.* : -um *M* -io *rec.* || poppaeae sentiam *L recc.* : p- assentiam *recc.* p- absentiam *rec.* p- absentia *rec.* poppe assen | essentiam *M* poppe assentiam *M'* p- assenescentiam *recc.* p- sententiam *rec.*

5, 2 samius *codd.* : T. Samius *Ritter.*

3 potentia et *recc.* : p- *M* potentiae *L recc.* || accipiat *ML' recc.* : -piant *rec.* capiat *L.*

6, 1 iis *L recc.* : his *M' recc.* hiis *rec.* si his *M* si is *recc. om. recc.*

Suillius, attaqua vigoureusement [1], rappelant l'exemple des anciens orateurs, qui avaient considéré, disait-il, la renommée et la postérité comme les vraies récompenses de l'éloquence. Autrement, le plus beau et le premier [2] des arts libéraux était souillé par de vils trafics [3] ; la loyauté même ne demeurait pas intacte, quand on avait en vue l'importance des profits. 2 Que si personne ne plaidait plus pour un salaire, il y aurait moins de procès ; actuellement les inimitiés, les accusations, les haines, les injustices étaient entretenues pour que, comme la gravité des maladies enrichit les médecins, de même la gangrène [4] du forum rapportât de l'argent aux avocats. Qu'on se souvînt de C. Asinius [5], de M. Messala [6] et, plus récemment, d'Arruntius [7] et d'Aeserninus [8] : ils avaient été portés aux sommets par une vie et une éloquence désintéressées. 3 Ainsi parlait le consul désigné, aux applaudissements des autres sénateurs, et l'on s'apprêtait à voter une motion qui les soumettrait à la loi sur les concussions, quand Suillius, Cossutianus [9] et les autres, qui voyaient non leur jugement — car ils étaient pris sur le fait — mais leur châtiment décidé, entourent César, implorant grâce pour le passé.

7. 1 Et quand il eut fait un signe d'assentiment, ils commencent à plaider : Quel était l'homme assez présomptueux pour se flatter d'espérer une renommée éternelle ? A toutes fins utiles [10] était préparé un appui, pour éviter que, faute d'avocats, on ne fût à la merci

1. Curieuse reprise du *Dialogue sur les Orateurs* : cf. A. Michel, *Tacite*, p. 147. — T. A. Dorey, *Cl. Ph.*, 1965, p. 265.
2. L'éloge de l'éloquence est renforcé par l'allitération.
3. Même opposition verbale IV, 13, 3.
4. Le mot *tabes* est appliqué à l'armée *H.*, I, 26 ; III, 11.
5. Pollio. Cf. I, 12, 4 ; IV, 34, 4. Horace, *Od.*, II, 1, 13.
6. Corvinus. Cf. III, 34, 2 ; IV, 34, 4 ; VI, 11, 3 ; XIII, 34, 1.
7. Lucius. Souvent loué : I, 8, 3 ; 13 ; VI, 5 ; 7 ; 27, 3 ; 47-8.
8. M. Claudius Marcellus. Cf. III, 11, 2.
9. Capito. Condamné en 57, mais réhabilité, il redoubla de violence : cf. XIII, 33, 2 ; XIV, 48 ; XVI, 17, 5 ; 21-2 ; 28 ; 33, 2.
10. Expression insolite ; cf. XV, 6, 3 : *ex rerum usu*.

ueterum oratorum exempla referens, qui famam et posteros praemia eloquentiae cogitauissent. Pulcherrima*m* alioquin et bonarum artium principem sordidis ministeriis foedari ; ne fidem quidem integram manere, ubi magnitudo quaestuum spectetur. 2 Quodsi in nullius mercedem negoti*a* *ag*antur, pauciora fore ; nunc inimicitias, accusationes, odia et iniurias foueri, ut, quomodo uis morborum pretia medentibus, sic fori tabes pecuniam aduocatis ferat. Meminissent C. Asinii, ⟨M.⟩ Messalae ac recentiorum Arruntii et Aeserninì : ad summa prouectos incorrupta uita et facundia. 3 Talia dicente consule designato, consentientibus aliis, parabatur sententia qua lege repetundarum tenerentur, cum Suillius et Cossutianus et ceteri, qui non iudicium, quippe in manifestos, sed poenam statui uidebant, circumsistunt Caesarem, ante acta deprecantes.

7. 1 Et postquam adnuit, agere incipiunt : Quem illum tanta superbia esse ut aeternitatem famae spe praesumat ? Vsui et rebus subsidium praeparari, ne quis inopia aduocatorum potentibus obnoxius sit.

1 pulcherrimam *Nipperdey* : -ima *M recc.* -iã *L.*

2 negotia agantur *Heins.* : negotiantur *L recc.* negotiant (*ras.*) *M* negotia tueantur *L' recc.* negotia flant *Bezzenberger* negotia eant *J. F. Gronov.* || fore *ML' recc.* : f- crimina *L* || C. *L recc.* : gaii *recc.* gali *M* galli *recc.* gaium *recc.* galbae *recc.* cauinii *rec.* *secl. Walther* || *M. add. Heins.* || prouectos *M'L recc.* : praeu- *M recc.* proiectos *rec.* prouectorum *recc.* || et facundia *M recc.* : facundiaque *L.*

7, 1 agere *M'recc.* : tacere *M recc.* tacens *recc.* dicere *L rec.* || rebus *codd.* : reis *Jacob* || praeparari *recc.* : praeparare *ML recc.*, *Becher* parari *Haase* || inopia aduocatorum *M recc.* : a- i- *L* || sit *om. L.*

des puissants [1]. Et cependant l'éloquence ne s'obtenait pas gratuitement : on négligeait ses intérêts domestiques pour s'appliquer aux affaires d'autrui. Beaucoup de gens assuraient leur existence par le métier des armes, certains en exploitant leurs terres ; personne ne recherchait quoi que ce fût sans en avoir d'abord évalué les profits. 2 Il avait été facile à Asinius et à Messala, comblés de récompenses par les guerres entre Antoine et Auguste, ou aux héritiers de riches familles, les Aeserninus et les Arruntius, de se draper dans la magnanimité. Ils disposaient, eux, d'autres exemples : à quel prix P. Clodius ou C. Curion [2] mettaient-ils leurs harangues ? 3 Ils étaient, eux, de modestes sénateurs, qui, dans un État tranquille, ne demandaient que les avantages de la paix. Qu'il songeât à la plèbe qui brillait sous la toge : une fois supprimés les salaires dus aux talents, les talents eux-mêmes disparaîtraient. 4 Pour être moins honorables, ces arguments ne parurent pas sans fondement au prince, qui fixa aux honoraires des avocats un maximum de dix mille sesterces, au-delà duquel ils seraient soumis à la loi sur les concussions [3].

8. 1 Vers la même époque, Mithridatès, qui avait régné sur les Arméniens [4] et que C. César avait fait enchaîner, comme je l'ai relaté [5], à l'incitation de Claude retourna dans son royaume [6], en se fiant à l'appui de Pharasmanès [7]. Celui-ci, roi des Hibériens et en même temps frère de Mithridatès, annonçait que la discorde régnait chez les Parthes et que, divisés sur la souveraineté du

1. La même tendance est attribuée à Tibère I, 75, 1.
2. Allusion sarcastique à des tribuns corrompus et vendus à César. Cf. Suétone, *Cés.*, 29, 1 : *ingenti mercede.*
3. A sa mort, le sénat fit, semble-t-il, abroger l'édit et appliquer la loi : cf. XIII, 5, 1 ; 42, 1 ; XV, 20, 3.
4. Sous le règne de Tibère : cf. VI, 32-3.
5. Dans un des livres perdus. Caligula l'avait fait venir s Rome : cf. Sénèque, *De Tr. An.*, 11, 12. Dion, LX, 8, 1.
6. Dès 42 ou 43 ; cf. 9, 1. Dion, LX, 8, 1.
7. Cf. VI, 32-35.

Neque tamen eloquentiam gratuito contingere : omitti curas familiares, ut quis se alienis negotiis intendat. Multos militia, quosdam exercendo agros tolerare uitam ; nihil a quoquam expeti nisi cuius fructus ante prouiderit. 2 Facile Asinium et Messalam, inter Antonium et Augustum bellorum praemiis refertos, aut, ditium familiarum heredes, Aeserninos et Arruntios magnum animum induisse. Prompta sibi exempla, quantis mercedibus P. Clodius aut C. Curio contionari soliti sint. 3 Se modicos senatores, ⟨qui⟩, quieta re publica, nulla nisi pacis emolumenta peterent. Cogitaret plebem qua*e* toga enitesceret : sublatis studiorum pretiis, etiam studia peritura. 4 Vt minus decora haec, ita haud frustra dicta princeps ratus, capiendis pecuniis posuit modum usque ad dena sestertia, quem egressi repetundarum tenerentur.

8. 1 Sub idem tempus, Mithridates, quem imperitasse Armeniis ⟨et iussis C.⟩ Caesaris uinctum memoraui, monente Claudio in regnum remeauit, fisus Pharasmanis opibus. Is, rex Hiberis idemque Mithridatis frater, nuntiabat discordare Parthos summaque imperii

1 quis *M recc.* : qui *L recc.*

2 inter *M recc.* : item *L recc. om. rec.*

3 qui quieta... peterent *Halm* : qui et a... p- *ML recc.* qui a... p- *L' recc.* quieta... petere *Pichena Nipperdey* || quae *Pichena* : qua *codd.*

4 posuit *V 58 recc., Weiskopf* (*cf.* 10, 2) : *om. M recc.* statuit (*post* sestertia) *L rec., Orelli Koestermann.*

8, 1 et iussis C. *Koestermann* : *lacun. indic. M. om. L recc.* et ad praesentia(m) *M'' recc.* iussuque C. *Urlichs Weiskopf.* (*fort. recte*) || pharasmanis *recc.* : faras m- *M'* pharas magnis *L recc.* faras magnis *M'* farasimenis *rec.*

pouvoir, ils n'avaient cure des affaires moins importantes. 2 De fait, Gotarzès, entre autres mesures cruelles, avait fait périr son frère Artaban[1], ainsi que la femme et le fils de ce prince, d'où l'effroi chez les autres, qui appelèrent à eux Vardanès[2]. 3 Ce dernier, toujours ardent aux grandes entreprises, ne met que deux jours à franchir trois mille stades[3], surprend Gotarzès et profite de son épouvante pour le culbuter ; et il ne tarde pas à s'emparer des préfectures[4] les plus proches, sauf celle des Séleuciens[5], qui refusent sa domination. Ce geste et aussi leur défection à l'égard de son père[6] enflamment sa colère, plus que de raison dans les circonstances présentes, et il s'empêtre dans le siège d'une ville puissante, que l'obstacle d'un fleuve, un rempart et des approvisionnements rendaient solide. 4 Cependant Gotarzès, renforcé par l'appui des Dahes et des Hyrcaniens[7], reprend la guerre, et Vardanès, contraint d'abandonner Séleucie, transporte son camp dans les plaines de la Bactriane[8].

9. 1 Les forces de l'Orient se trouvant ainsi divisées et laissant incertain leur champ d'intervention, l'occasion fut donnée à Mithridatès d'occuper l'Arménie, grâce à l'aptitude du soldat romain à enlever les escarpements des forteresses, tandis que l'armée hibérienne déferlait à travers les plaines. En effet, les Arméniens ne résistèrent pas après la déroute de leur préfet Démonax[9], qui avait risqué une bataille. 2 Un léger retard fut causé par le roi de la petite Arménie, Cotys[10], vers lequel

1. Artaban IV, fils d'Artaban III mort en 40.
2. Autre fils d'Artaban III.
3. Environ 500 km, ce qui paraît excessif en deux jours. Le mot révèle une source grecque, peut-être mal interprétée.
4. Issues des satrapies perses : cf. Pline, *H.N.*, VI, 112.
5. Sur le Tigre : cf. VI, 42, 1.
6. Artaban III, en 36 : cf. VI, 42, 2-4.
7. Au S.-E. de la mer Caspienne ; cf. II, 3, 1 ; VI, 36, 4 ; 43, 2.
8. Ancien royaume grec, entre les Parthes et les Scythes.
9. Chef parthe de la préfecture.
10. Fils du roi thrace Cotys (cf. II, 64-67), maître depuis 38 de la région située à l'O. de l'Arménie : cf. Dion, LIX, 12, 2.

ambigua, minora sine cura haberi. 2 Nam * Go*t*arzes, * inter pleraque saeua, [qui] necem fratri Artabano coniugique ac filio eius properauerat, unde metus [eius] in ceteros, et acciuere Vardanen. 3 Ille, ut erat magnis ausis promptus, biduo tria milia stadiorum inuadit ignarumque et exterritum Gotarzen proturbat ; neque cunctatur quin proximas praefecturas corripiat, solis Seleucensibus dominationem eius abnuentibus. In quos, ut patris sui quoque defectores, ira magis quam ex usu praesenti accensus, implicatur obsidione urbis ualidae et munimentis obiecti amnis muroque et commeatibus firmatae. 4 Interim Gotarzes, Daharum Hyrcanorumque opibus auctus, bellum renouat, coactusque Vardanes omittere Seleuciam, Bactrianos apud campos castra contulit.

9. 1 Tunc, distractis Orientis uiribus et quonam inclinarent incertis, casus Mithridati datus est occupandi Armeniam, ui militis Romani ad excidenda castellorum ardua, simul Hibero exercitu campos persultante. Nec enim restitere Armenii, fuso, qui proelium ausus erat, Demonacte praefecto. 2 Paululum cunctationis attulit rex minoris Armeniae, Cotys, uer-

2 Gotarzes inter *Doederlein* : i- gotha- *recc.* i- gotarzis *recc.* i- gothaices *M* i- gotharrem *L* interim g- *rec.* || saeua *recc.* : seua *ML recc.* || qui *secl. Halm* : qui *ML recc.* qu(a)e *recc.* || properauerat *M'* (?) *M*m, *Muret.* (*cf.* 37, 1 ; XIII, 17, 2): praeparauerat *M''L recc.* praeparaberat *M* praeparauit *rec.* parauerat *Halm* || eius *secl. Acidal.*

3 sui quoque *codd.* : quoque sui *Urlichs* suique *Wurm.*

9, 1 excidenda *ML recc.* : excitanda *rec.* excindenda *Halm* || restitere *L recc.* : resistere *M recc.*

s'étaient tournés quelques-uns des notables ; mais un message de César suffit à le contenir, et tout bascula [1] du côté de Mithridatès, qui montra une rigueur excessif [2] pour un nouveau règne. 3 Quant aux chefs [3] parthes, alors qu'ils se préparaient au combat, soudain ils concluent un pacte, ayant appris une conspiration de leurs sujets, que Gotarzès dévoila à son frère ; ils eurent une entrevue, où, d'abord hésitants, puis la main dans la main [4], ils s'engagèrent sur les autels des dieux à punir la perfidie de leurs ennemis et à se faire de mutuelles concessions. 4 Et Vardanès parut le plus digne de conserver le sceptre [5] ; quant à Gotarzès, pour ne laisser subsister aucune trace de rivalité, il se retira au fond de l'Hyrcanie [6]. A son retour, Vardanès reçoit la reddition de Séleucie, dans la septième année de la sécession [7], non sans honte pour les Parthes, qu'une seule cité avait si longtemps bafoués.

10. 1 Puis il visita les plus puissantes préfectures, et il se disposait à recouvrer l'Arménie, si Vibius Marsus [8], légat de Syrie, ne l'avait, en le menaçant d'une guerre [9], arrêté. Or, pendant ce temps, Gotarzès regrettait d'avoir cédé le pouvoir, et, à l'appel de la noblesse, dont la paix rend plus dure la servitude, il rassemble des forces. 2 On vint à sa rencontre près du fleuve Erinde [10], dont le passage fut vivement disputé [11] ; Vardanès l'emporta, et, par des combats heureux, il soumit les nations qui

1. Seul exemple de la métaphore *fluere* chez Tacite.
2. Cf. XII, 47, 4.
3. Même terme appliqué à un chef barbare II, 10, 1.
4. Sur les détails de la cérémonie, cf. XII, 47, 2.
5. Double effet d'allitération.
6. Cf. 8, 4.
7. En 43 : cf. VI, 42 ; XI, 8, 3.
8. Caius. Consul en 17, gouverneur de Syrie entre 42 et 45. Cf. II, 74, 1 ; 79, 1 ; IV, 56, 3 ; VI, 47-8.
9. Cf. Josèphe, *Ant.*, XX, 3, 4.
10. Inconnu par ailleurs sous ce nom.
11. *Multum certato* est un participe passé impersonnel à l'ablatif absolu ; cf. *H.*, IV, 16, 2 : *diu certato*.

sis illuc quibusdam procerum ; dein litteris Caesaris coercitus, et cuncta in Mithridaten fluxere, atrociorem quam nouo regno conduceret. 3 At Parthi imperatores, cum pugnam pararent, foedus repente iaciunt, cognitis popularium insidiis, quas Gotarzes fratri patefecit ; congressique, primo cunctanter, dein complexi dextras, apud altaria deum pepigere fraudem inimicorum ulcisci atque ipsi inter se concedere. 4 Potiorque Vardanes uisus retinendo regno ; at Gotarzes, ne quid aemulationis exsisteret, penitus in Hyrcaniam abiit. Regressoque Vardan*i* deditur Seleucia, septimo post defectionem anno, non sine dedecore Parthorum, quos una ciuitas tam diu eluserat.

10. 1 Exim ualidissimas praefecturas inuisit ; et recuperare Armeniam parabat, ni a Vibio Marso, Syriae legato, bellum minitante cohibitus foret. Atque interim Gotarzes paenitentia concessi regni et uocante nobilitate, cui in pace durius seruitium est, contrahit copias. 2 Et huic contra itum ad amnem Erinden ; in cuius transgressu multum certato, peruicit Vardanes, prosperisque proeliis medias nationes subegit ad flumen

2 atrociorem *L recc.* : -ra *recc.* quam a- *M recc.* quem a- *rec.* quidem a- *rec.* quamquam atrociorem *Haase.*

3 iaciunt *M recc.* : iciunt *L rec., Weiskopf* (*fort. recte*) faciunt *Lips.*

4 Vardani *Lips.* : uardane *codd., Weissenborn.*

10. 1 inuisit *M recc.* : inuasit *L recc.* iniussit *recc.* || parabat *V 58 recc., Weiskopf* : habeat *M rec.* habebat *recc.* auebat *recc., Lips.* (*fort. recte*) in animo habebat *L recc., Koestermann.*

2 huic *L recc.* : hinc *M recc.* || itum *M recc.* : itur *L recc.* || erinden *M recc.* : erindem *L recc.* eriden *recc.* herindem *rec.* heriden *rec.* Charindam *Ryckius.*

s'étendent jusqu'au Sinde [1], fleuve qui sépare [2] les Dahes et les Ariens [3]. Ce fut là le terme de ses succès, car les Parthes, quoique vainqueurs, répugnaient à une campagne lointaine. 3 C'est pourquoi, après avoir érigé des monuments qui attestaient sa puissance et le fait que, avant lui, aucun des Arsacides [4] n'avait levé de tributs sur ces nations, il rentre couvert de gloire, mais d'autant plus fier et plus insupportable à ses sujets [5]. Ceux-ci, qui avaient préparé un complot, le surprenant sans défiance et occupé à la chasse, le tuèrent, à la fleur de l'âge, mais avec un renom que peu de rois vieillis sur le trône auraient égalé, s'il avait cherché à se faire aimer de son peuple autant que craindre de ses ennemis. 4 Le meurtre de Vardanès brouilla les affaires des Parthes, hésitants sur le choix d'un roi. Beaucoup penchaient pour Gotarzès, certains pour Meherdatès [6], descendant de Phraatès, qui nous avait été remis en otage. Gotarzès finit par l'emporter ; mais, une fois en possession du pouvoir, par sa cruauté et ses excès il amena les Parthes à faire une démarche secrète auprès du prince romain, pour le prier de laisser Meherdatès remonter sur le faîte où trônaient ses ancêtres [7].

11. 1 Sous le même consulat [8], huit cents ans après la fondation de Rome, soixante-quatre après ceux qu'Auguste avait donnés [9], les jeux séculaires furent célébrés [10].

1. Inconnu par ailleurs.
2. Seul exemple chez Tacite du verbe rare *disterminare.*
3. Situés au S.-O. de la Bactriane.
4. Dynastie des rois parthes, fondée par Arsacès en 256.
5. Comme son père Artaban III : cf. VI, 31, 1.
6. Fils de Vononès, petit-fils de Phraatès IV ; cf. II, 1-2.
7. En 49 : cf. XII, 10, 1. Expression semblable VI, 32, 1.
8. Celui de Claude et de L. Vitellius, en 47 ; cf. 1-2.
9. En mai-juin 17 av. J.-C. Cf. Horace, *Carm. Saec.*
10. A partir du 21 avril. Cf. Pline, *H.N.*, VII, 159 ; VIII, 160. Suétone, *Cl.*, 21, 2. Censorinus, XVII, 11. Zosime, III, 4, 3. *C.I.L.*, VI, 32324-5. Sur l'histoire de ces jeux, cf. J. Gagé, *Recherches sur les jeux séculaires*, 1934. P. Wuilleumier, *Rev. Et. Lat.*, 1932, p. 127-146 ; 1938, p. 139-145.

Sinden, quod Dahas Ariosque disterminat. Ibi modus rebus secundis positus : nam Parthi, quamquam uictores, longinquam militiam aspernabantur. 3 Igitur, ex*s*tructis monimentis quibus opes suas testabatur nec cuiquam ante Arsacidarum tributa illis de gentibus pa*r*ta, regreditur, ingens gloria atque eo ferocior et subiectis intolerantior. Qui, dolo ante composito, incautum uenationique intentum interfecere, primam intra iuuentam, sed claritudine paucos inter senum regum, si perinde amorem inter populares quam metum apud hostes quaesiuisset. 4 Nece Vardanis turbatae Parthorum res, inter ambiguos quis in regn*um* acciperetur. Multi ad Gotarzen inclinabant, quidam ad Meherdaten, prolem Phraatis, obsidio nobis datum. Dein praeualuit Gotarzes ; potitusque regia, per saeuitiam ac luxum adegit Parthos mittere ad principem Romanum occultas preces, quis permitti Meherdaten patrium ad fastigium orabant.

11. 1 Isdem consulibus, ludi saeculares octingentesimo post Romam conditam, quarto et sexagesimo

2 aspernabantur *M'L recc.* : asperneb- *M rec.*

3 exstructis *edd.* : extr- *M''L recc.* estr- *M recc.* extinctis *recc.* structis *Andresen (?)* || monimentis *recc., Lips.* : monum- *recc.* munim- *ML recc.* munum- *rec.* || parta *edd.* : parata *ML recc.* pata *rec.* || intolerantior *M recc.* : intoll- *recc.* intolerabilior *L recc.* || qui *M recc.* : quem *L recc.* quo *recc.* || inter senum *V 58 recc.* : i- se uni *M recc.* i- summorum *rec.* (et) pares fuisse uni *L rec.*

4 res *L recc.* : rex *M* || regnum *Lips.* : regno *codd.* || ad *L recc.* : a *M* || gotarzen *recc.* : gotharzem *L recc.* godarzen *M* || phraatis *recc.* : prahatis *M* phrahatis *L recc.* pharahatis *rec.* fratris *recc.* || potitusque *L recc.* : positusque *M recc.* || regia *recc.* : regiam *M recc.* (*fort recte*) rerum *L.*

11, 1 conditam *M'L recc.* : -ta *M* conditam anno *Ritter*

Je laisse de côté les calculs des deux princes, les ayant assez exposés dans les livres que j'ai composés sur l'histoire de l'empereur Domitien [1]. Car lui aussi donna des jeux séculaires, et j'y ai assisté avec une attention particulière, étant revêtu du sacerdoce quindécemviral et alors préteur [2]. Je ne rapporte pas ce fait par vanité, mais parce que le collège des quindécemvirs [3] a rempli cette charge de tout temps et que les magistrats surtout assuraient le service des cérémonies. 2 Sous la présidence de Claude aux jeux du cirque, alors que de jeunes enfants nobles exécutaient à cheval le divertissement de Troie [4], avec parmi eux Britannicus [5], fils de l'empereur, et L. Domitius, que l'adoption appela dans la suite à l'empire et au surnom de Néron [6], la faveur de la plèbe, plus vive à l'égard de Domitius, passa pour un présage. 3 On répandait aussi le bruit que son enfance avait eu des dragons en guise de gardiens [7] — propos fabuleux et empruntés au merveilleux étranger : car lui-même, qui ne cherchait nullement à se déprécier, a souvent raconté qu'on n'avait vu dans sa chambre qu'un seul serpent en tout.

12. 1 A vrai dire, le penchant du peuple témoignait d'un reste d'attachement au souvenir de Germanicus, dont il était le seul descendant mâle ; en outre, la pitié qu'on avait pour sa mère Agrippine était accrue par la cruauté de Messaline, qui, toujours acharnée et alors plus passionnée que jamais, lui eût suscité des griefs et des accusateurs, si un amour nouveau et voisin de la frénésie ne l'eût occupée tout entière. 2 En effet, elle s'était enflammée pour C. Silius, le plus beau des jeunes

1. Dans un passage perdu des *Histoires*. Auguste compta le *saeculum* pour 110 ans, Claude pour 100.
2. En 88. Cf. *H.*, I, 1. Suétone, *Dom.*, 4, 3. T. I, *Intr.*, p. IX.
3. Gardien des livres sibyllins. Cf. VI, 12. Horace, *C.S.*, 70.
4. Carrousel des *pueri nobiles*, répartis en *turmae maiorum* et *minorum*. Cf. Virgile, *En.*, V, 545 sqq. Suétone, *Nér.*, 7.
5. Agé de 6 ans ; cf. 4 ; 32 ; XII, 2 ; 25-6 ; 41 ; 68-9 ; XIII, 14-7.
6. Agé de 9 ans ; cf. IV, 75 ; XII, 8-9 ; 25-6 ; 41 ; 58 ; 68-9.
7. Cf. Suétone, *Nér.*, 6, 4. Plutarque, *Alex.*, 3.

quam Augustus ediderat, spectati sunt. Vtriusque principis rationes praetermitto, satis narratas libris quibus res imperatoris Domitiani composui. Nam is quoque edidit ludos saeculares, iisque intentius adfui, sacerdotio quindecimuirali praeditus ac tunc praetor. Quod non iactantia refero, sed quia collegio quindecimuirum antiquitus ea cura et magistratus potissimum exsequebantur officia caerimoniarum. 2 Sedente Claudio circensibus ludis, cum pueri nobiles equis ludicrum Troiae inirent interque eos Britannicus, imperatore genitus, et L. Domitius, adoptione mox in imperium et cognomentum Neronis adscitus, fauor plebis, acrior in Domitium, loco praesagii acceptus est. 3 Vulgabaturque adfuisse infantiae eius dracones in modum custodum, fabulosa et externis miraculis adsimilata : nam ipse, haudquaquam sui detractor, unam omnino anguem in cubiculo uisam narrare solitus est.

12. 1 Verum inclinatio populi supererat ex memoria Germanici, cuius illa reliqua suboles uirilis ; et matri Agrippinae miseratio augebatur ob saeuitiam Messalinae, quae, semper infesta et tunc commotior, quo minus strueret crimina et accusatores, nouo et furori proximo amore distinebatur. 2 Nam in C. Silium,

1 spectati *M recc.* : exp- *L recc.* || iisque *recc.* : hisque *ML recc.* isque *M'* || adfui *recc.* : affui *L recc.* affuit *M recc.*

2 fauor *M' recc.* : fabor *M* fauore *L recc.* || acrior in *recc.* : acriori *M recc.* acriori in *rec.* acriore *L* acrior *recc.* || domitium *M recc.* : -us *L recc.* initium *recc.* || adsimilata *M recc.* : assimulata *L recc.* || detractor *ML recc.* : detrector *rec.* delator *rec.* dictator *rec.* detractator *Burmann (?).*

Romains[1], d'une passion si ardente qu'elle fit rompre son mariage avec Junia Silana[2], femme de la noblesse, pour posséder son amant sans partage. Silius n'ignorait ni le scandale ni le danger ; mais, ayant la certitude de périr s'il refusait et un vague espoir de tromper l'attention, pourvu aussi de larges récompenses, il tenait pour consolant de voiler l'avenir et de jouir du présent. 3 Quant à elle, loin de se cacher, elle ne cessait de fréquenter sa maison avec une suite nombreuse, de s'attacher à ses pas, de lui prodiguer richesses et honneurs ; enfin, comme si déjà la fortune eût changé de mains, les esclaves, les affranchis, le mobilier du prince étaient exposés à la vue chez l'amant de sa femme[3].

13. 1 Cependant Claude, ignorant l'état de son ménage et exerçant les fonctions de censeur[4], réprima par de sévères édits la licence du peuple au théâtre[5], parce qu'il avait lancé des brocards contre le consulaire P. Pomponius[6] — qui donnait des poèmes à la scène — et contre des femmes de haut rang. 2 Il fit aussi passer une loi contre la cruauté des créanciers, en leur défendant de prêter aux fils de famille des sommes remboursables à la mort de leurs pères. Il détourna encore les sources des monts Simbruins pour les amener dans la Ville[7]. D'autre part, il ajouta de nouveaux caractères à l'alphabet et les diffusa[8], s'étant rendu compte que l'alphabet grec non plus n'avait pas été en même temps commencé et achevé.

14. 1 Les premiers, les Égyptiens en utilisant des figures d'animaux représentaient les pensées de l'esprit

1. Cf. 5-6. Juvénal, X, 331 : *formosissimus.*
2. Victime ensuite d'Agrippine : cf. XIII, 19 ; 21-2 ; XIV, 12, 4.
3. Cf. 30, 2 ; 35, 1.
4. Délaissées depuis 23 av. J.-C. Cf. Suétone, *Cl.*, 16.
5. Cf. I, 54, 2 ; 77 ; IV, 14, 3 ; VI, 13, 1 ; XIII, 24-5.
6. Secundus. Cf. V, 8 ; XII, 27-8 ; *D.*, 13. Pline, *Ep.*, 3, 5.
7. Par l'*Anio nouus* et l'*Aqua Claudia* : Pline, *H.N.*, XXXVI, 122. Frontin, *De Aq.*, 13-15. Suétone, *Cal.*, 21. *C.I.L.*, VI, 1256.
8. Trois signes accessoires. Il avait consacré une étude à l'alphabet : cf. Suétone, *Cl.*, 41, 3.

iuuentutis Romanae pulcherrimum, ita exarserat ut Iuniam Silanam, nobilem feminam, matrimonio eius exturbaret uacuoque adultero poteretur. Neque Silius flagitii aut periculi nescius erat; sed, certo, si abnueret, exitio et nonnulla fallendi spe, simul magnis praemiis, operir*e* futura et praesentibus frui pro solacio habebat. 3 Illa non furtim, sed multo comitatu uentitare domum, egressibus adhaerescere, largiri opes, honores; postremo, uelut translata iam fortuna, serui, liberti, paratus principis apud adulterum uisebantur.

13. 1 At Claudius, matrimonii sui ignarus et munia censoria usurpans, theatralem populi lasciuiam seueris edictis increpuit, quod in P. Pomponium, consularem, — is carmina scaenae dabat — inque feminas inlustres probra iecerat. 2 Et lege lata saeuitiam creditorum coercuit, ne in mortem parentum pecunias filiis familiarum faenori darent. Fontesque aquarum Simbruinis collibus deductos Vrbi intulit. Ac nouas litterarum formas addidit uulgauitque, comperto * Graecam * quoque litteraturam non simul coeptam absolutamque.

14. 1 Primi per figuras animalium Aegyptii sensus mentis effingebant — *ea* antiquissima monimenta memo-

12, 2. poteretur *M* : potir- *L recc.* || operire *Nipperdey* : operiri *ML recc.* opperiri *recc., Beroald.*

3 adulterum *M*ᵐ *L recc.* : -rium *recc.* alterum *M recc.*

13, 2 mortem *rec., ed. Frobenia* : -e *ML recc.* || Simbruinis *Rhen.* : sub inbruinis *ML'* sub imbrunis *L* sub umbruinis *rec.* subunbrumis *rec.* sub umbrinis *rec.* sub umbruinis *rec.* sub imbricinis *rec.* sub bruinis *rec.* sub uberrimis *rec.* || comperto *M recc.* : comperit *L recc.* || Graecam quoque *ed. Frobenia* : q- g- *ML recc.* ergo g- *rec.*

14, 1 ea *Lips.* : et *codd.*

— car les plus anciens monuments de l'histoire humaine se voient encore là, gravés dans la pierre [1] — et ils s'attribuent l'invention de l'écriture [2] ; de là, les Phéniciens, parce qu'ils étaient tout puissants sur la mer, l'auraient introduite en Grèce [3] et ils auraient acquis la gloire d'avoir découvert ce qu'ils avaient reçu. 2 En effet, la tradition veut que Cadmus, arrivé sur un navire phénicien, ait initié à cet art les peuples encore grossiers de la Grèce. Certains rapportent que Cécrops d'Athènes ou Linus de Thèbes ou encore, à l'époque troyenne, Palamède d'Argos ont inventé seize caractères [4], puis que d'autres et principalement Simonide [5] ont trouvé le reste. 3 Mais en Italie, les Étrusques les apprirent du Corinthien Démarate [6], les Aborigènes [7] de l'Arcadien Évandre [8] ; et les lettres latines ont la forme des plus anciens alphabets grecs [9]. Mais, nous aussi, nous en eûmes peu au début, puis le nombre augmenta [10]. D'après cet exemple, Claude ajouta trois lettres, qui, utiliées sous son règne, sont tombées ensuite en désuétude ; elles se voient encore maintenant sur les tables de bronze, fixées, pour rendre publics les plébiscites [11], sur les places et les temples.

15. 1 Il fit ensuite un rapport au sénat sur un collège des haruspices [12], pour éviter que les plus anciennes connaissances de l'Italie ne dépérissent par négligence : Souvent, dans les malheurs de l'État, on les avait consultés [13] et leurs avis avaient restauré les cérémonies et

1. Tacite admirait déjà les hiéroglyphes II, 60, 3-4.
2. Sur cette question, cf. Pline, *H.N.*, VII, 192, selon lequel le premier alphabet remonte aux Assyriens.
3. De même Hérodote, V, 58.
4. Traditions en partie divergentes chez Pline, *op. cit.*
5. Poète lyrique, né à Céos vers 556, mort à Syracuse en 468.
6. Père de Tarquin l'Ancien, selon Tite-Live, I, 34, 2.
7. Nom donné aux Latins : *ibid.*, I, 1, 5.
8. Cf. Virgile, *En.*, VIII, 51 sqq. Denys, I, 31.
9. De même Pline, *H.N.*, VII, 210.
10. Cf. Cicéron, *De N.D.*, II, 93. *Or.*, 160. Plutarque, *Q.R.*, 54.
11. Pris par Claude en raison de sa puissance tribunitienne.
12. Il voulait les grouper en un collège. Brachylogie.
13. Cf. Cicéron, *De Haruspicum Responsis.*

riae humanae impressa saxis cernuntur —, et litterarum semet inuentores perhibent ; inde Phoenicas, quia mari praepollebant, intulisse Graeciae gloriamque adeptos, tamquam reppererint quae acceperant. 2 Quippe fama est Cadmum, classe Phoenicum uectum, rudibus adhuc Graecorum populis artis eius auctorem fuisse. Quidam Cecropem Atheniensem uel Linum Thebanum et temporibus Troianis Palamedem Argiuum memorant sedecim litterarum formas, mox alios ac praecipuum Simoniden ceteras repperisse. 3 At in Italia Etrusci ab Corinthio Demarato, Aborigines Arcade ab Euandro didicerunt ; et forma litteris Latinis quae ueterrimis Graecorum. Sed nobis quoque paucae primum fuere, deinde additae sunt. Quo exemplo Claudius tres litteras adiecit, quae ⟨in⟩ usu imperitante eo, post oblitteratae, aspiciuntur etiam nunc in aere, publicandis plebiscitis per fora ac templa fixo.

15. 1 Rettulit deinde ad senatum super collegio haruspicum, ne uetustissima Italiae disciplina per desidiam exolesceret : Saepe aduersis rei publicae temporibus accitos, quorum monitu redintegratas caerimonias

2 simoniden *M* : -em *L recc.*

3 aborigines *L recc.* : -nibus *M recc.* ab originibus *rec.* in aboriginibus *rec.* || Arcade *Puteol.* : archade *L recc.* arcades *M recc.* archades *recc.* || forma *M' recc.* : -as *M* -ae *L recc.* || in usu *Nipperdey* : fuere in usu *recc.* usu *L recc.* usui *M recc.* || publicandis *L recc.* : publico dis *M recc.* publico *recc.*, *Nipperdey* (*cf.* XII, 53, 3) || fixo *M recc.* : fixis *L recc.*

15, 1 haruspicum *M* : a- *L recc.* haur- *recc.* aur- *recc.* aurispicum *rec.* aurispico *recc.* || accitos *Orsini* : -tis *codd.*

assuré pour l'avenir une plus stricte observance ; les grands de l'Etrurie, soit d'eux-mêmes, soit à l'instigation du sénat romain, avaient maintenu cette doctrine et l'avaient propagée dans les familles [1]. Aujourd'hui on se montrait plus indolent par insouciance générale pour les arts libéraux et à cause du développement des superstitions étrangères [2]. 2 Sans doute pour le moment la prospérité était-elle générale ; mais la bienveillance des dieux appelait en retour qu'on empêchât les rites sacrés, pratiqués dans des circonstances critiques, de tomber en désuétude par des temps heureux. 3 On prit alors un sénatus-consulte, chargeant les pontifes [3] de voir ce qu'il fallait maintenir et affermir dans l'ordre des haruspices [4].

16. 1 La même année, la nation des Chérusques [5] demanda un roi à Rome, car la noblesse avait péri dans les guerres civiles et il ne restait plus qu'un seul rejeton de souche royale, qu'on gardait dans la Ville et qui avait nom Italicus. Du côté paternel, il descendait de Flavus [6], frère d'Arminius, et sa mère était issue d'Actumer, prince des Chattes [7] ; lui-même était beau de sa personne et il savait manier les armes et monter les chevaux à la manière de son pays comme du nôtre. Aussi César, l'ayant muni d'argent et entouré de gardes, l'exhorte-t-il à reprendre d'un noble cœur le rang de ses aïeux : il était, lui, le premier qui, né à Rome et traité non en otage mais en citoyen, allait monter sur un trône étranger. 2 Et au début, son arrivée fit la joie des Germains : du fait que, n'ayant trempé dans aucune discorde, il

1. Cf. Cicéron, *De Diu.*, I, 92 ; *Ad Fam.*, VI, 6, 3.
2. Égyptiennes ou juives (cf. II, 85, 4), astrologiques ou magiques (cf. II, 27, 2 ; 32, 3 ; 69, 3 ; XII, 22, 1 ; 59, 1).
3. Grands prêtres de la religion nationale ; cf. XII, 8, 1.
4. Sur cette réforme, cf. J. Heurgon, *Latomus*, 12, 1953, p. 402 sqq. Ils furent consultés ensuite ; cf. XIII, 24 ; XV, 47.
5. Située entre la Weser et l'Elbe. Cf. I, 56, 5 ; XII, 28, 2.
6. Cf. II, 9-10.
7. Entre le Rhin et la Weser. Cf. I, 55, 1 ; XII, 27-8.

et in posterum rectius habitas; primoresque Etruriae sponte aut patrum Romanorum impulsu retinuisse scientiam et in familias propagasse. Quod nunc segnius fieri publica circa bonas artes socordia et quia externae superstitiones ualescant. 2 Et laeta quidem in praesens omnia, sed benignitati deum gratiam referendam, ne ritus sacrorum, inter ambigua culti, per prospera oblitterarentur. 3 Factum ex eo senatus consultum, uiderent pontifices quae retinenda firmandaque haruspicum.

16. 1 Eodem anno, Cheruscorum gens regem Rom*a* petiuit, amissis per interna bella nobilibus et uno reliquo stirpis regiae, qui apud Vrbem habebatur, nomine Italicus. Paternum huic genus e Flauo, fratre Arminii, mater ex Actumero, principe Chattorum, erat; ipse forma decorus et armis equisque in patrium nostrumque morem exercitus. Igitur Caesar auctum pecunia, additis stipatoribus, hortatur gentile decus magno animo capessere : illum primum, Romae ortum nec obsidem sed ciuem, ire externum ad imperium. 2 Ac primo laetus Germanis aduentus atque eo quod, nullis discordiis imbutus, pari in omnes studio ageret,

1 ualescant *M recc.* : inua- *recc.* ualescunt *L recc.* inualescunt *recc.*

3 retinenda firmandaque haruspicum *ML recc.* : retinendae firmandaeque haruspicinae *Nipperdey.*

16, 1 Roma *Rhen.* : romae *ML recc.* romam *rec.* romanae *recc.* || italicus *L' recc.* (cf. 17, 1) : -lus *ML recc.* || flauo *ML recc.* : flauio *L' recc.* || arminii *L recc.* : armenii *M recc., Sörbom* (*ut* I, 55, 3) armerii *recc.* || auctum *recc.* : augustum *M* augustus *M' recc.* aggesta *L.*

2 aduentus *M recc.* : a- eius *L.*

traitait tout le monde avec une égale faveur, il était entouré, honoré, pratiquant tantôt l'affabilité et la tempérance, ce qui n'est mal vu de personne, plus souvent le vin et les plaisirs, ce qui plaît aux barbares [1]. Déjà aux environs, déjà même plus loin, son renom brillait [2], lorsque, inquiets de sa puissance, ceux qui avaient profité des factions se retirent chez les peuples voisins et les prennent à témoin qu'on enlève à la Germanie son antique liberté et que la puissance romaine étend sa domination [3].
3 Ne se trouvait-il donc personne, originaire de ce propre pays, capable d'occuper le rang suprême [4], sans aller chercher le descendant de l'espion [5] Flavus, pour l'élever au-dessus de tous ? En vain mettait-on en avant le nom d'Arminius ; son fils même, élevé en territoire ennemi [6], fût-il venu pour régner, on pouvait redouter un homme infecté [7] par la nourriture, la servitude, le genre de vie, tous les poisons de l'étranger. Quant à Italicus, s'il avait la mentalité paternelle, nul n'avait montré plus d'acharnement que son père à porter les armes contre la patrie et les dieux pénates [8].

17. 1 Par ces propos et d'autres semblables, ils réunirent de grandes forces, et Italicus n'en avait pas moins derrière lui. De fait, il n'avait pas, rappelait-il [9], forcé leur résistance, mais on l'avait appelé, parce qu'il dépassait les autres en noblesse ; qu'ils fissent l'épreuve de sa valeur, pour voir s'il se montrerait digne de son oncle

1. Sur la *uinolentia* des Germains, cf. *G.*, 22, 1.
2. *Clarescere* se retrouve *G.*, 14, 2.
3. L'argumentation reprend celle d'Arminius, I, 59. Ce § contient de nombreux effets stylistiques d'asyndète et d'anaphore, de parallélisme et de chiasme, d'allitération et d'assonance.
4. Même expression, à propos de Tibère, IV, 38, 1.
5. On peut voir là une interprétation méprisante du terme technique *explorator*, qui, comme *speculator*, désigne habituellement un éclaireur.
6. A Ravenne : cf. I, 58, 6 ; II, 10, 1.
7. Même terme II, 2, 2.
8. Évocation semblable II, 10, 1. Allitération intensive.
9. *Altercatio* analogue, mais inversée I, 58 ; II, 9-10.

celebrari, coli, modo comitatem et temperantiam, nulli inuisa, saepius uinolentiam ac libidines, grata barbaris, usurpans. Iamque apud proximos, iam longius clarescere, cum, potentiam eius suspectantes, qui factionibus floruerant discedunt ad conterminos populos ac testificantur adimi ueterem Germaniae libertatem et Romanas opes insurgere. 3 Adeo neminem, isdem in terris ortum, qui principem locum impleat, nisi exploratoris Flau*i* progenies super cunctos attollatur ? Frustra Arminium praescribi : cuius si filius, hostili in solo adultus, in regnum uenisset, posse extimesci infectum alimonio, seruitio, cultu, omnibus externis. At si paterna Italico mens esset, non alium infensius arma contra patriam ac deos penates quam parentem eius exercuisse.

17. 1 His atque talibus magnas copias coegere, nec pauciores Italicum sequebantur. Non enim inrupisse ad inuitos, sed accitum memorabat, quando nobilitate ceteros anteiret ; uirtutem experirentur, an dignum se patruo Arminio, auo Actumero prae-

2 uinolentiam *M'L recc.* : uinul- *M* uinolontias *recc.* ulnolentam *rec.* inuinolentiam *rec.* uiolentiam *recc. om. recc.* || iam *M recc.* : etiam *L om. recc.*

3 principem *M* : -pum *recc.* -pis *L recc.* || Flaui *Orelli* : flauii *L recc.* flabii *M rec.* fauii *rec.* fabii *rec.* || attollatur *M recc.* : attollitur *L recc.* extollatur *rec.* extollantur *rec.* || arminium *M recc.* : -nii *recc.* arminii fratrem *L* || praescribi *M recc.* : pers- *recc.* pros- *L recc.* s- *recc.* || uenisset *recc.*, *Rhen.* : uenisse *ML recc.* || posse *ML recc.* : posset *recc.* || extimesci *recc.* : testi mesci *M recc.* testi mesti *recc.* temitesci *rec.* temitesi *rec.* externo *L* || at *M''* *M*[m] *recc.* : ac *ML recc.* || ac *M recc.* : et *L.*

17, 1 memorabat *recc.* : -bant *ML recc.* || actumero *L recc.*, *Müllenhoff* (*cf.* 16,1) : catumero *M recc.* catamero *rec.* catrimero *rec.*

Arminius et de son aïeul Actumer. 2 Il n'avait pas, non plus, à rougir de son père, parce que celui-ci, ayant donné sa foi aux Romains avec le consentement des Germains, ne l'avait jamais trahie. Le mot de liberté n'était qu'un faux prétexte [1], mis en avant par ceux qui, dégénérés dans la vie privée et pernicieux pour l'État, n'avaient d'espoir que dans les discordes. 3 Ce disant, il provoquait des manifestations de joie dans la foule ; et une grande bataille livrée entre les barbares se termina par la victoire du roi ; mais ensuite le succès le fit glisser à l'orgueil ; chassé, puis rétabli avec l'appui des Langobards [2], par ses succès comme par ses revers il affaiblissait la puissance des Chérusques.

18. 1 A la même époque, les Chauques [3], exempts de dissensions intestines et réjouis par la mort de Sanquinius [4], firent, avant l'arrivée de Corbulon, des incursions en Germanie inférieure, sous la conduite de Gannascus, qui, Canninéfate [5] d'origine, avait longtemps servi dans nos rangs comme auxiliaire [6], puis avait déserté et, exerçant la piraterie avec des vaisseaux légers, dévastait surtout la côte des Gaulois, qu'il savait riches et peu belliqueux. 2 Mais Corbulon [7], entré dans la province, déploya autant de zèle qu'il recueillit bientôt de gloire, cette campagne [8] marquant pour lui le début de la renommée : il fit descendre les trirèmes par le lit du Rhin, les autres navires, selon leur maniabilité, par les estuaires et les canaux [9] ; et, après avoir coulé les barques ennemies et chassé au loin Gannascus, une fois la situation suffi-

1. Idée et expression semblables *H.*, IV, 73, 3.
2. Peuple suève, situé à l'E. de l'Elbe. Cf. II, 45, 1.
3. Entre l'Ems et l'Elbe. Cf. I, 38 ; 60, 2 ; II, 24, 2 ; XI, 19, 2.
4. Q. Maximus ; légat de Germanie inférieure. Cf. VI, 4, 3.
5. Aux Pays-Bas. Cf. IV, 73, 2 ; *H.*, IV, 15.
6. Expression semblable II, 52, 1.
7. Cn. Domitius. Devenu proconsul d'Asie, il s'illustra en Orient : cf. XIII, 8 ; 34-41 ; XIV, 23-26 ; XV, 1 ; 3-6 ; 8-17 ; 25-31.
8. Cf. Dion, LX, 30, 4-6.
9. Sur la flotte du Rhin, cf. I, 45, 2 ; sur les canaux, II, 8.

beret. 2 Nec patrem rubori, quod fidem aduersus Romanos, uolentibus Germanis sumptam, numquam omisisset. Falso libertatis uocabulum obtendi ab iis qui, priuatim degeneres, in publicum exitiosi, nihil spei nisi per discordias habeant. 3 Adstrepebat huic alacre uulgus; et magno inter barbaros proelio uictor rex, dein secunda fortuna ad superbiam prolapsus, pulsusque ac rursus Langobardorum opibus refectus, per laeta, per aduersa res Cheruscas adflictabat.

18. 1 Per idem tempus, Chauci, nulla dissensione domi et morte Sanquinii alacres, dum Corbulo aduentat, inferiorem Germaniam incursauere, duce Gannasco, qui, natione Canninefas, auxiliare *aes* diu meritus, post transfuga, leuibus nauigiis praedabundus, Gallorum maxime oram uastabat, non ignarus dites et imbelles esse. 2 At Corbulo, prouinciam ingressus, magna cum cura et mox gloria, cui principium illa militia fuit, triremes alueo Rheni, ceteras nauium, ut quaeque habiles, per aestuaria et fossas adegit; luntribusque hostium depressis et exturbato Gannasco, ubi praesentia satis composita sunt, legiones, operum

2 aduersus *ML recc.* : -sum *L'* || iis *L recc.* : his *M recc.*

3 alacre *M' recc.* : alecre *M* alacte *rec.* alere *rec.* allicere *rec.* auide *L recc.* alacriter L^m || magno *codd.* : magno ut *Lips.*

18, 1 nulla *V58 recc.* : nulia *M* milia *recc.* militia *recc.* mutua *L recc.* ciuili *recc.* || canninefas *recc.* (*cf.* IV, 73, 2) : cani- *M recc.* can(n)inefax *recc.* carminefas *rec.* caninefacis *L* || auxiliare *M recc.* : -res *rec.* -ris *L recc.* -riis *rec. om. rec.* || aes diu *Mercier* : ex diu *ML recc.* et ex diu *recc.* (et) es diu *recc.* diu *rec.* dui *rec.* ex dru *recc.* stipendium *Bipontini* || meritus *recc.* : -tis *ML recc.* mentis *recc.*

2 luntribusque *M* : lin- *L recc.* lintribus *recc.*

samment rétablie, il ramena les légions, qui rechignaient aux travaux et à la fatigue et se plaisaient aux pillages, vers l'antique discipline[1], interdisant de s'écarter dans les marches et de combattre sans son ordre. 3 Gardes, veilles, corvées de jour et de nuit, tout se faisait en armes ; on dit même que deux soldats furent punis de mort pour avoir travaillé au retranchement, l'un sans être armé, l'autre armé seulement d'un poignard[2] — exemples excessifs et peut-être allégués à tort, mais dont l'origine est imputable à la sévérité du chef : on ne saurait douter qu'il ait été énergique et inexorable pour les fautes graves, celui qu'on croyait si rigoureux même à l'égard des plus légères.

19. 1 D'ailleurs, la terreur qu'il inspirait produisit sur nos soldats et sur les ennemis des effets opposés : nous sentîmes croître notre valeur, les barbares se briser leur orgueil. Et la nation des Frisons[3], qui, depuis la révolte commencée par la défaite de L. Apronius[4], était hostile ou peu fidèle, nous donna des otages et s'établit sur le territoire assigné par Corbulon[5] ; il leur imposa aussi un sénat, des magistrats, des lois. 2 Et, pour les empêcher de rejeter ses ordres, il installa un poste fortifié, après avoir envoyé des émissaires inciter les Grands Chauques[6] à se soumettre et en même temps à attaquer par ruse Gannascus. Le guet-apens fut tendu avec succès et sans honte contre un transfuge et un parjure[7]. 3 Mais son meurtre excita l'esprit des Chauques, et Corbulon leur fournissait des germes de révolte[8]. Reçues par beau-

1. Il fit de même en Orient, XIII, 35.
2. Végèce, III, 8, mentionne cette prescription : *milites gladio cincti fossam aperiunt.*
3. Sur la côte, entre le Rhin et l'Ems. Cf. I, 60, 2 ; IV, 72-74.
4. Légat de Germanie inférieure, en 28 : cf. IV, 73.
5. Pline, *N.H.*, XXII, 8, mentionne cette *deditio.*
6. A l'E. de la Weser, qui les séparait des Petits : cf. Ptolémée, II, 11, 11. Tacite ne les distingue pas *G.*, 35.
7. Arminius avait été traité de même I, 58, 2 ; II, 88, 1.
8. Pour déclencher une guerre. Même image III, 41, 1 ; IV, 27, 1 ; XII, 48, 2.

et laboris ignauas, populationibus laetantes, ueterem ad morem reduxit, ne quis agmine decederet nec pugnam nisi iussus iniret. 3 Stationes, uigiliae, diurna nocturnaque munia in armis agitabantur ; feruntque militem, quia uallum non accinctus, atque alium, quia pugione tantum accinctus, foderet, morte punitos. Quae, nimia et incertum an falso *i*acta, originem tamen e seueritate ducis traxere : intentumque et magnis delictis inexorabilem scias, cui tantum asperitatis etiam aduersus leuia credebatur.

19. 1 Ceterum is terror milites hostesque in diuersum adfecit : nos uirtutem auximus, barbari ferociam infregere. Et natio Frisiorum, post rebellionem clade L. Apronii coeptam, infensa aut male fida, datis obsidibus, consedit apud agros a Corbulone descriptos ; idem senatum, magistratus, leges imposuit. 2 Ac, ne iussa exuerent, praesidium immuniuit, missis qui maiores Chaucos ad deditionem pellicerent, simul Gannascum dolo adgrederentur. Nec inritae aut degeneres insidiae fuere aduersus transfugam et uiolatorem fidei. 3 Sed caede eius motae Chaucorum mentes, et Corbulo semina rebellionis praebebat, ut laeta apud

2 ignauas *ML recc.* : ignaras *recc., Puteol.*

3 feruntque... punitos *M recc.* : erantque milites quia uallum non accincti foderent morte puniti *L recc.* || iacta *Rhen. Weiskopf* : acta *M recc.* aucta *recc.* iactata *L, Koestermann* || delictis *L recc.* : delectis *M recc.*

19, 1 ceterum *M recc.* : etenim *L recc.* || senatum *M* : -tus *M'L recc.*

coup avec joie, ces nouvelles trouvaient chez certains un accueil défavorable : pourquoi provoquer l'ennemi ? les revers retomberaient sur l'État ; s'il réussissait, un homme qui se distingue est un danger pour la paix et une lourde charge pour un prince sans courage [1]. En conséquence, Claude empêcha si bien toute entreprise nouvelle contre les Germanies [2] qu'il fit ramener les garnisons en deçà du Rhin.

20. 1 Corbulon installait déjà son camp sur le sol ennemi, quand ce message lui est remis. A ce coup soudain, malgré les nombreuses pensées qui l'envahissaient en même temps, crainte de l'empereur, mépris des barbares, railleries des alliés, il se contenta, lui, de déclarer : « Heureux jadis les chefs romains [3] ! » et donna le signal de la retraite. 2 Toutefois, pour arracher le soldat à l'oisiveté, il fit creuser, entre la Meuse et le Rhin, sur une distance de vingt-trois milles [4], un canal qui éviterait les incertitudes de l'Océan. Claude lui accorda cependant les insignes du triomphe [5], bien qu'il lui eût refusé la guerre.

3 Peu de temps après, Curtius Rufus [6] obtient le même honneur, pour avoir fait ouvrir dans le pays de Mattium [7] une mine à la recherche de veines d'argent ; on en tira un mince profit et pour peu de temps ; mais les légions subirent pertes et fatigues à creuser des tranchées et à effectuer sous terre des travaux déjà pénibles à découvert. Assujetti à ces épreuves et sachant qu'en beaucoup de provinces on endurait de tels maux, le soldat compose

1. La recherche stylistique rend la construction équivoque. Cf. *Agr.*, 39, 2.
2. Même emploi du pluriel I, 57, 2.
3. De même Dion, LX, 30, 5, d'après une source commune, peut-être Pline ou Aufidius Bassus : cf. t. I, *Intr.*, p. XVII.
4. Environ 34 km, de Leyde à Delft. Cf. Dion, LX, 30, 6.
5. De même 20, 3 ; 21, 3 ; XII, 3, 2 ; 28, 2 ; 38, 2.
6. Légat de Germanie supérieure, qui s'identifie peut-être avec Quinte-Curce, l'historien d'Alexandre.
7. *Aquae Mattiacae*, aujourd'hui Wiesbaden, sur le territoire des Chattes. Cf. I, 56, 4 ; *G.*, 59, 2 ; *H.*, IV, 37, 3.

plerosque, ita apud quosdam sinistra fama : cur hostem conciret ? aduersa in rem publicam casura ; sin prospere egisset, formidolosum paci uirum insignem et ignauo principi praegrauem. Igitur Claudius adeo nouam in Germanias uim prohibuit ut referri praesidia cis Rhenum iuberet.

20. 1 Iam castra in hostili solo molienti Corbuloni eae litterae redduntur. Ille, re subita, quamquam multa simul offunderentur, metus ex imperatore, contemptio ex barbaris, ludibrium apud socios, nihil aliud prolocutus quam « Beatos quo*n*dam duces Romanos ! », signum receptui dedit. 2 Vt tamen miles otium exueret, inter Mosam Rhenumque, trium et uiginti milium spatio, fossam perduxit, qua incerta Oceani u*i*tarentur. Insignia tamen triumphi indulsit Caesar, quamuis bellum negauisset.

3 Nec multo post Curtius Rufus eundem honorem adipiscitur, qui in agro Mat*t*iaco recluserat specus quaerendis uenis argenti ; unde tenuis fructus nec in longum fuit ; at legionibus cum damno labor, effodere riuos, quaeque in aperto grauia, humum infra moliri. Quis subactus miles, et quia plures per prouincias

3 sinistra *recc.* : in s- *ML recc.* || rem publicam *recc.* : re publica *ML recc.* || casura *M recc.* : -rus *L* usura *recc.* || sin *M recc.* : ni *L recc.* cum *recc.*

20, 1 quondam *Lips.* : quosdam *codd.*

2 ut *L recc.* : ui *M* ne *M*ᵐ *recc.* || perduxit *recc.* : praed- *M recc.* prod- *L recc.* || uitarentur *Vertran.* : ueta- *ML recc.* uecta- *recc.* || insignia *M'L recc.* : insigni *M om. recc.* insigne *Halm* (*fort. recte* : *cf.* IV, 23, 1 ; XII, 3, 2).

3 Mattiaco *Rhen.* : mathiaco *ML recc.* matiaco *recc.* machiac(h)o *recc.* || effodere *recc., Rhen.* : et fo- *ML recc.* || quis *M recc.* : quo *L.*

en secret une lettre au nom des armées, priant l'empereur d'accorder d'avance à ceux auxquels il confierait le commandement des armées les ornements du triomphe [1].

21. 1 Sur l'origine de Curtius Rufus, que certains ont déclaré fils de gladiateur, je ne saurais divulguer des mensonges et j'ai honte de dire la vérité [2]. Au sortir de l'adolescence, attaché à la personne du questeur auquel l'Afrique était échue [3], alors qu'il se trouvait dans la ville d'Hadrumète et se promenait seul sous les portiques déserts au milieu du jour, il eut la vision d'une silhouette féminine, à la taille surhumaine, et entendit ces paroles : « C'est toi, Rufus, qui viendras dans cette province comme proconsul. » 2 Une telle prédiction le transporte d'orgueil, et, de retour à Rome, grâce aux libéralités de ses amis et aussi à sa vive intelligence, il parvient à la questure, puis, en compétition avec des candidats nobles, à la préture par le suffrage du prince [4], Tibère ayant eu ce mot pour voiler la bassesse de sa naissance : « Curtius Rufus me paraît être le fils de ses œuvres [5]. » 3 Parvenu depuis à une longue vieillesse et se montrant d'une adulation morose à l'égard de ses supérieurs, arrogant pour ses inférieurs, difficile avec ses égaux, il obtint le pouvoir consulaire, les insignes du triomphe et enfin la province d'Afrique ; il accomplit, en y mourant, le destin présagé.

22. 1 Cependant à Rome, sans motifs apparents ou connus depuis, le chevalier romain Cn. Nonius [6] est découvert armé d'un poignard dans la foule de ceux

1. De même Suétone, *Cl.*, 24, 3 : *ne causam belli quoquo modo quaererent*. Cf. aussi XIII, 53, 1.
2. Pire que cette tradition : cf. R. Syme, *Tacitus*, p. 563.
3. Pline le Jeune, *Ep.*, VII, 27, 2, relate la même anecdote.
4. La *commendatio*. Cf. I, 15, 1. Velleius, II, 124, 4.
5. Définition imagée de l'*homo nouus*. Cf. Cicéron, *Ph.*, VI, 17 : *a se ortum*.
6. Inconnu par ailleurs. Sur les attentats et la fouille des visiteurs, cf. Suétone, *Cl.*, 13, 1 ; 35, 1. Dion, LX, 3, 3.

similia tolerabantur, componit occultas litteras nomine exercituum, precantium imperatorem ut, quibus permissurus esset exercitus, triumphalia ante tribueret.

21. 1 De origine Curtii Rufi, quem gladiatore genitum quidam prodidere, neque falsa prompserim et uera exsequi pudet. Postquam adoleuit, sectator quaestoris cui Africa obtigerat, dum in oppido Adrumeto uacuis per medium diei porticibus secretus agitat, oblata ei species muliebris ultra modum humanum et audita est uox : « Tu es, Rufe, qui in hanc prouinciam pro consule uenies. » 2 Tali omine in spem sublatus degressusque in Vrbem, [et] largitione amicorum, simul acri ingenio quaesturam et mox, nobiles inter candidatos, praeturam principis suffragio adsequitur, cum hisce uerbis Tiberius dedecus natalium eius uelauisset : « Curtius Rufus uidetur mihi ex se natus ». 3 Longa post haec senecta et, aduersus superiores tristi adulatione, adrogans minoribus, inter pares difficilis, consulare imperium, triumphi insignia ac postremo Africam obtinuit ; atque ibi defunctus fatale praesagium impleuit.

22. 1 Interea Romae, nullis palam neque cognitis mox causis, Cn. Nonius, eques Romanus, ferro accinc-

21, 1 pro consule *M recc.* : -ul *L recc.*

2 degressusque *M recc.* : dig- *L recc.* reg- *rec.* || urbem *Nipperdey* : u- et *L recc.* urbae et *M* || ex se natus *M' recc.* : exe natus *M* esse natus *recc.* ex senatu *recc.* natus *L.*

22, 1 interea *M recc.* : interim *L recc.* || eques *M recc.* : insignis eques *L recc.*, *Koestermann* inscio eques *recc.*

qui venaient saluer le prince. De fait, alors qu'il était déchiré par la torture, sans contester sa propre faute, il ne révéla pas de complices, sans qu'on sache s'il en dissimulait.

2 Sous les mêmes consuls, P. Dolabella [1] proposa que fût donné tous les ans un spectacle de gladiateurs aux frais de ceux qui obtiendraient la questure [2]. 3 Chez nos ancêtres [3], cette dignité était la récompense de la vertu, et tout citoyen, s'il avait confiance dans ses mérites, avait le droit de briguer les magistratures ; et l'âge même n'était pas un obstacle pour parvenir, dès la prime jeunesse, au consulat et aux dictatures [4]. 4 Quant à la questure, elle fut instituée dès l'origine de la royauté, comme le montre la loi curiate reprise par L. Brutus [5]. Et les consuls gardèrent le pouvoir de choisir les questeurs, jusqu'à ce que cet honneur aussi fût conféré par le peuple. Les premiers créés furent Valerius Potitus et Aemilius Mamercus, soixante-trois ans après l'expulsion des Tarquins [6], avec la charge de suivre le règlement des questions militaires. 5 Puis, avec le développement des affaires, on en désigna deux autres pour exercer à Rome. Ensuite le nombre fut doublé [7], quand l'Italie fut devenue tributaire et qu'il y eut de surcroît les impôts des provinces. 6 Enfin une loi de Sylla en créa vingt [8], pour compléter le sénat, auquel il avait transféré les jugements. Et, bien que les chevaliers aient recouvré les jugements [9], néanmoins la questure, due au mérite des candidats ou à la complaisance des électeurs, était

1. Cornelius. Cf. III, 47, 3 ; 69, 1 ; IV, 23-26 ; 66, 2.
2. La mesure fut adoptée, puis abrogée après la mort de Claude : cf. XIII, 5, 1. Suétone, *Cl.*, 24, 2.
3. Sur cette digression, cf. E. Koestermann, *Komm.*, p. 71-3.
4. Avant la lex Villia de 180. Cf. Cicéron, *Ph.*, V, 47-8.
5. En 509. La *lex curiata* décernait l'*imperium*.
6. En 447. L'élection semble antérieure, et la création des questeurs urbains gérant l'*aerarium* a précédé celle des autres : cf. Tite-Live, IV, 4, 3 ; 43, 3. Ulpien, *Dig.*, I, 13, 1.
7. En 267 furent institués quatre *quaestores classici*.
8. En 81. Sur les dispositions judiciaires, cf. XII, 60, 3.
9. En 70, mais partiellement.

tus reperitur in coetu salutantium principem. Nam postquam tormentis dilaniabatur, de se non *infitiatus*, conscios non edidit, incertum an occultans.

2 Isdem consulibus, P. Dolabella censuit spectaculum gladiatorum per omnes annos celebrandum pecunia eorum qui quaesturam adipiscerentur. 3 Apud maiores uirtutis id praemium fuerat, cunctisque ciuium, si bonis artibus fiderent, licitum petere magistratus ; ac ne aetas quidem distinguebatur quin prima iuuenta consulatum et dictaturas inirent. 4 Sed quaestores regibus etiam tum imperantibus instituti sunt, quod lex curiata ostendit ab L. Bruto repetita. Mansitque consulibus potestas deligendi, donec eum quoque honorem populus mandaret. Creatique primum Valerius Potitus et Aemilius Mamercus sexagesimo tertio anno post Tarquinios exactos, ut rem militarem comitarentur. 5 Dein, gliscentibus negotiis, duo additi, qui Romae curarent ; mox duplicatus numerus, stipendiaria iam Italia et accedentibus prouinciarum uectigalibus. 6 Post lege Sullae uiginti creati supplendo senatui, cui iudicia tradiderat. Et, quamquam equites iudicia recuperauissent, quaestura tamen ex dignitate candidatorum aut facilitate tri-

1 non infitiatus *J. Gronov.* (*cf.* III, 14, 1) : noni *cum lacuna M recc.* nonius *recc.* nouius *recc.* confessus *L, Koestermann* non infitiatus culpam *Hanslik.*

3 id *M'' L recc.* : sit *M* || magistratus *M recc.* : -um *L recc.* -u *rec.* || quin *recc.* : qui in *M recc.* quin in *L recc.*

4 potitus *rec., Lips.* : potius *rec.* pottius *recc.* potus *M L recc.* petus *rec.* post(h)umius *recc.*

6 lege *recc.* : legem *ML recc., Sörbom* || Sullae *edd. ex* syllae *recc.* : sillae *L'* suillae *ML* suille *recc.*

attribuée gratuitement, jusqu'à ce que la proposition de Dolabella la mît, pour ainsi dire, à prix.

23. 1 Sous le consulat d'A. Vitellius [1] et de L. Vipstanus, comme il était question de compléter le sénat et que les notables de la Gaule appelée Chevelue [2], depuis longtemps bénéficiaires de traités et de la citoyenneté romaine [3], réclamaient le droit de parvenir aux honneurs dans la Ville [4], la question fit grand bruit en tous sens. 2 Et les passions s'affrontaient devant le prince [5] en un débat où certains soutenaient que l'Italie n'était pas malade au point de ne pouvoir fournir un sénat à sa capitale. Les seuls indigènes y avaient suffi jadis pour les peuples consanguins, et certes on n'avait pas à se plaindre de l'ancienne république ; au contraire, on citait encore des exemples de vertu et de gloire que, grâce aux mœurs antiques, le caractère romain avait produits. 3 N'était-ce donc pas assez que les Vénètes et les Insubres [6] eussent fait irruption dans la curie, sans y introduire encore, avec des bandes d'étrangers, comme un rassemblement de captifs ? Quels honneurs laisserait-on désormais à ce qui restait de nobles ou à quelque pauvre du Latium devenu sénateur ? 4 Ils allaient tout occuper, ces riches dont les aïeuls et les bisaïeuls, à la tête des peuplades ennemies, avaient taillé en pièces nos armées par le fer et la violence, assiégé le divin Jules près d'Alésia [7]. Voilà des faits récents ; que serait-ce si l'on évoquait le souvenir de ceux qui, au pied du Capitole et de la citadelle de Rome [8], avaient été abattus sous les coups

1. Le futur empereur. Cf. XIV, 49. En 48.
2. Moins romanisée que la Narbonnaise, dite *togata* (cf. XII, 23). Le Conseil fédéral des Trois Gaules (Lyonnaise, Belgique, Aquitaine), réuni le 1er août, envoya des délégués à Rome.
3. Cf. III, 40. Pline, IV, 106-7, cite 4 peuples *foederati*.
4. Par la *dignitas senatoria*. Cf. XIV, 50 ; *D.*, 7.
5. Au *consilium principis* ; cf. 31, 1.
6. Dans la région de Padoue et de Milan. César accorda la *ciuitas* complète à toute la Cisalpine en 49. Cf. 24, 2-3.
7. Alise-Sainte-Reine, en 52. Cf. César, *B.G.*, VII, 68 sqq.
8. Prise par les Sénons en 390. Cf. 24, 5. Tite-Live, V, 41.

buentium gratuito concedebatur, donec sententia Dolabellae uelut uenundaretur.

23. 1 A. Vitellio, L. Vips*t*ano consulibus, cum de supplendo senatu agitaretur primoresque Galliae quae Comata appellatur, foedera et ciuitatem Romanam iam pridem adsecuti, ius adipiscendorum in Vrbe honorum expeterent, multus ea super re uariusque rumor. 2 Et studiis diuersis apud principem certabatur, adseuerantium non adeo aegram Italiam ut senatum suppeditare urbi suae nequiret. Suffecisse olim indigenas consanguineis populis nec paenitere ueteris rei publicae. Quin adhuc memorari exempla quae priscis moribus ad uirtutem et gloriam Romana indoles prodiderit. 3 An parum quod Veneti et Insubres curiam inruperint, nisi coetus alienigenarum uelut captiuitas inferatur ? Quem ultra honorem residuis nobilium aut si quis pauper e Latio senator foret ? 4 Oppleturos omnia diuites illos, quorum aui proauique, hostilium nationum duces, exercitus nostros ferro uique ceciderint, diuum Iulium apud Alesiam obsederint. Recentia haec ; quid si memoria eorum *o*reretur qui ⟨sub⟩ Capitolio et arc*e* Romana manibus eorundem pro-

6 uelut *M recc.* : uoluit *recc.* uoluit ut *L recc.* ueluit ut *rec.* uelint *rec.* uelunt *rec.*

23, 1 Vipstano *Ruperti* : uipsano *L rec.* uipsana *M recc.* uipsena *recc.* uespasiano *recc.*

3 coetus *codd.* : coetu *Ritter Halm* || si *om. L* || foret *codd.* : fore *Acidal.*

4 oreretur *Bach* : mo- *ML recc.* moueretur *L'* memoretur *recc.* moriretur *rec.* || sub *Draeger* : ex *recc. om. ML recc.* || arce *Acidal.* : ara *ML recc.* aera *recc.* || manibus eorundem *M recc.* : manubiis e- *L* manibias deorum *Nipperdey.*

de ces mêmes gens ? Qu'ils jouissent du titre de citoyens, soit ; mais que les insignes sénatoriaux, les ornements des magistratures ne soient pas prostitués !

24. 1 Ces propos et d'autres semblables n'ébranlèrent pas le prince, qui les réfuta aussitôt et qui, ayant convoqué le sénat, commença ainsi [1] : « Mes ancêtres, dont le plus ancien, Clausus, originaire de la Sabine, fut admis en même temps au droit de cité romaine et au rang des familles patriciennes [2], m'exhortent à prendre des mesures semblables pour l'administration de l'État, en transférant ici ce qu'il a pu y avoir quelque part d'excellent. 2 En effet je n'ignore pas que les Julii sont venus d'Albe [3], les Coruncanii de Camerium, les Porcii de Tusculum [4], et, sans fouiller les temps anciens, que d'Étrurie, de Lucanie et de l'Italie entière nous avons fait venir des sénateurs, qu'enfin les bornes de cette contrée elle-même furent portées jusqu'aux Alpes, pour que non seulement des individus à titre personnel, mais des pays, des nations se fondissent dans notre peuple. 3 Alors la paix fut solide à l'intérieur ; et nous eûmes face à l'étranger une situation florissante, quand les Transpadans furent accueillis dans la cité, quand, sous le couvert de nos légions établies dans tout l'univers [5], par l'admission des provinciaux les plus vigoureux, il fut remédié à l'affaiblissement de l'empire. Regrette-t-on que d'Espagne les Balbi [6], de Gaule Narbonnaise des hommes non moins distingués [7] aient passé chez nous ? Leur postérité demeure et son amour pour cette patrie ne le cède pas au nôtre. 4 Quelle autre cause perdit les Lacédémoniens et les Athéniens,

1. Vers le 15 août. Sur la valeur historique et littéraire de ce discours, à comparer avec la Table Claudienne de Lyon (*C.I.L.*, XIII, 1668), cf. t. I, *Intr.*, p. XXVII ; XXXIII ; XLVII. Il s'inspire aussi de Tite-Live, IV, 3-5.
2. Cf. IV, 9, 2 ; XII, 25, 2. — Même expression XI, 25, 2.
3. Cf. IV, 9, 2. Tite-Live, I, 16, 5 ; 30, 2. Denys, III, 29.
4. Tels T. Coruncanius, consul en 280, et Caton l'Ancien.
5. Dans des colonies de vétérans.
6. Notamment L. Cornelius Balbus, consul en 40 av. J.-C.
7. Claude citait deux Viennois (cf. 3, 2) et un Allobroge.

strati *sint* ? Fruerentur sane uocabulo ciuitatis ; insignia patrum, decora magistratuum ne uulgarent.

24. 1 His atque talibus haud permotus princeps et statim contra disseruit et, uocato senatu, ita exorsus est : « Maiores mei, quorum antiquissimus Clausus, origine Sabina, simul in ciuitatem Romanam et in familias patriciorum adscitus est, hortantur uti paribus consiliis ⟨ad⟩ rem publicam capessenda*m*, transferendo huc quod usquam egregium fuerit. 2 Neque enim ignoro Iulios Alba, Coruncanios Camerio, Porcios Tusculo et, ne uetera scrutemur, Etruria Lucaniaque et omni Italia in senatum accitos, postremo ipsam ad Alpes promotam, ut non modo singuli uiritim, sed terrae, gentes in nomen nostrum coalescerent. 3 Tunc solida domi quies ; et aduersus externa floruimus, cum Transpadani in ciuitatem recepti, cum, specie deductarum per orbem terrae legionum, additis prouincialium ualidissimis, fesso imperio subuentum est. Num paenitet Balbos ex Hispania nec minus insignes uiros e Gallia Narbonensi transiuisse ? Manent posteri eorum nec amore in hanc patriam nobis concedunt. 4 Quid aliud exitio Lacedaemoniis et Athenien-

4 prostrati sint *Halm* : prostratis *recc.* per se satis *ML recc.* perisse satis *recc.* per se *rec.* prostrati fuerint *Freinsheim* perissent satis *Fisher* perissent prostrati *Koestermann (?)* deripere conati sint *Nipperdey*.

24, 1 et *M recc.* : etiam *recc. om. L rec.* || clausus *M recc.* : claudius *L recc.* drusus *rec.* || ad rem publicam *Ritter* : (*ras.*) rem publica *M* rem publicam *recc.* in re publica *L* res publica *recc.* r. p. *recc.* || capessendam *Ritter* : -da *ML recc.* capescenda *recc.* capessam *M*[m] *recc., Nipperdey Andresen* capessant *recc.*

2 accitos *codd.* : ascitos *Nipperdey*.

malgré leur puissance militaire, sinon qu'ils écartaient les vaincus comme des gens d'une autre race ? Au contraire, le fondateur de notre État, Romulus, fit preuve d'une telle sagesse que bien des peuples, le même jour, il les eut pour ennemis, puis pour concitoyens [1]. Des étrangers ont régné sur nous ; des fils d'affranchis ont accès aux magistratures, non pas, comme bien des gens le croient à tort, par une innovation récente [2], mais selon une pratique fréquente de l'ancienne république. 5 Mais, dira-t-on, contre les Sénons nous avons combattu ; apparemment les Volsques et les Èques n'ont jamais déployé face à nous une armée en bataille ! Nous avons été pris par les Gaulois ; mais nous avons donné des otages aux Étrusques et passé sous le joug des Samnites [3]. 6 Et pourtant, si l'on fait la revue de toutes les guerres, nulle ne fut achevée dans un laps de temps plus bref que celle des Gaules. Depuis, ce fut la paix continue et fidèle [4]. Déjà, par les mœurs, les arts, les alliances familiales intégrés à nous, qu'ils nous apportent leur or et leurs richesses, plutôt que d'en jouir séparément. 7 Toutes les institutions, pères conscrits, que l'on croit maintenant très anciennes, furent nouvelles : les plébéiens admis aux magistratures après les patriciens, les Latins après les plébéiens, les autres nations de l'Italie après les Latins. Celle-ci vieillira également, et ce que nous appuyons aujourd'hui par des exemples passera au nombre des exemples [5]. »

25. 1 Le discours du prince fut suivi d'un sénatus-consulte, et les Éduens obtinrent les premiers le droit de siéger au sénat dans la Ville. Cette faveur fut accordée à l'ancienneté de leur alliance et au fait que, seuls parmi les Gaulois, ils portent le titre de frères du peuple romain [6].

1. Cf. Tite-Live, I, 11 ; 13 (les Sabins).
2. Cf. 28 sqq. ; XII, 60, 4 ; XIII, 27. Suétone, *Cl.*, 24, 1.
3. Allusion à Porsenna et aux Fourches Caudines. Cf. 23, 4.
4. Claude et Tacite négligent la révolte de 21 : cf. III, 40-46.
5. Cf. XII, 6, 3. A. Michel, *Tacite*, p. 149.
6. Cf. Tite-Live, *Per.*, 61 (en 121). César, *B.G.*, I, 33, 2.

sibus fuit, quamquam armis pollerent, nisi quod uictos pro alienigenis arcebant ? At conditor nostri, Romulus, tantum sapientia ualuit ut plerosque populos eodem die hostes, dein ciues habuerit. Aduenae in nos regnauerunt ; libertinorum filiis magistratus mandare non, ut plerique falluntur, repens, sed priori populo factitatum est. 5 At cum Senonibus pugnauimus ; scilicet Vulsci et Aequi numquam aduersam nobis aciem instruxere. Capti a Gallis sumus ; sed et Tuscis obsides dedimus et Samnitium iugum subiimus. 6 Ac tamen, si cuncta bella recenseas, nullum breuiore spatio quam aduersus Gallos confectum. Continua inde ac fida pax. Iam moribus, artibus, adfinitatibus nostris mixti, aurum et opes suas inferant potius quam separati habeant. 7 Omnia, patres conscripti, quae nunc uetustissima creduntur, noua fuere : plebei magistratus post patricios, Latini post plebeios, ceterarum Italiae gentium post Latinos. Inueterascet hoc quoque, et, quod hodie exemplis tuemur, inter exempla erit. »

25. 1 Orationem principis secuto patrum consulto, primi Aedui senatorum in Vrbe ius adepti sunt. Datum id foederi antiquo et quia soli Gallorum fraternitatis nomen cum populo Romano usurpant.

4 mandare *M' recc.* : -aret *M recc.* -arat *rec.* -arant *L* -ati *recc.* mandari *Lips. Weiskopf* (*fort. recte*) || repens *ML recc.* : recens *recc.*

5 subiimus *Orelli* : subimus *M* subiuimus *M'' L recc.*

6 ac tamen *rec., Halm* : attamen *ML recc.*

7 plebei *ML recc.* : plebi *rec.* plebeii *Nipperdey Furneaux.*

2 Ces mêmes jours, César admit au nombre des patriciens les plus anciens des sénateurs ou ceux dont les pères s'étaient illustrés ; il restait peu de représentants des familles que Romulus avait appelées aînées [1] et L. Brutus cadettes [2], et elles avaient même disparu celles que le dictateur César avait adjointes par la loi Cassia [3] et l'empereur Auguste par la loi Saenia [4] ; on se réjouit de ces mesures, que le censeur prenait dans l'intérêt de l'État avec beaucoup de plaisir. 3 Quant aux membres déshonorés, anxieux sur la façon de les chasser du sénat [5], il eut recours à un procédé indulgent et récemment imaginé plutôt [6] qu'à la rigueur antique : il invita chacun à s'interroger lui-même et à demander le droit de dépouiller le titre ; on obtiendrait facilement cette autorisation ; et il présenterait ensemble les expulsions et les démissions, pour que, en mêlant le jugement des censeurs et la discrétion de ceux qui se retireraient d'eux-mêmes, on adoucît la flétrissure. 4 A cette occasion, le consul Vipstanus proposa d'appeler Claude père du sénat, vu que le surnom de père de la patrie [7] était devenu banal et que des services nouveaux rendus à l'État devaient être honorés par des termes inusités. Mais le prince retint lui-même le consul, comme trop enclin à la flatterie [8]. 5 Et il prononça la clôture du lustre [9], où l'on recensa cinq millions neuf cent quatre-vingt-quatre mille soixante-douze citoyens.

1. Les 100 premiers sénateurs : cf. Tite-Live, I, 8, 7.
2. Variante, empruntée peut-être à Claude, de la tradition selon laquelle Tarquin l'Ancien ajouta ces 100 sénateurs et L. Brutus 300 *conscripti* : cf. Tite-Live, I, 35, 6 ; II, 1, 10.
3. Sans doute en 45 : cf. Dion, XLIII, 47, 3.
4. En 30 : cf. *Mon. Anc.*, II, 1. Dion, LII, 42, 5.
5. Cf. II, 48, 3 ; XII, 52, 3. Dion, LII, 42, 2. Suétone, *Aug.*, 35.
6. Même ellipse de *magis* I, 58, 1.
7. Refusé par Claude en 41 (cf. Dion, LX, 3, 2), mais porté par lui en 42 (cf. *C.I.L.*, VI, 2032).
8. A l'exemple de Tibère, I, 72, 1 ; IV, 6, 2.
9. Formule rituelle par allusion à la *lustratio* finale : cf. Tite-Live, I, 44, 2.

2 Isdem diebus, in numerum patriciorum adsciuit Caesar uetustissimum quemque e senatu aut quibus clari parentes fuerant, paucis iam reliquis familiarum quas Romulus maiorum et L. Brutus minorum gentium appellauerant, exhaustis etiam quas dictator Caesar lege Cassia et princeps Augustus lege S*a*enia sublegere ; laetaque haec in rem publicam munia multo gaudio censoris inibantur. 3 Famosos probris quonam modo senatu depelleret anxius, mitem et recens repertam quam ex seueritate prisca rationem adhibuit, monendo secum quisque de se consultaret peteretque ius ex*ue*ndi ordinis ; facilem eius rei ueniam ; et motos senatu excusatosque simul propositurum, ut iudicium censorum ac pudor sponte cedentium permixt*a* ignominiam mollirent. 4 Ob ea Vips*t*anus, consul, rettulit patrem senatus appellandum esse Claudium : quippe promiscum patris patriae cognomentum ; noua in rem publicam merita non usitatis uocabulis honoranda. Sed ipse cohibuit consulem, ut nimium adsentantem. 5 Condiditque lustrum, quo censa sunt ciuium quinquagies nouies centena octoginta quattuor milia septuaginta duo.

25, 2 dictator *M''L recc.* : dicator *M* dictos *rec.* || Saenia *Lips.* : senia *ML recc.* seuia *recc.* sene *recc.*

3 exuendi *Lips.* : exeundi *codd.* || censorum *codd.* : censorium *Faernus* || permixta *Ritter* : -ti *codd.*

4 Vipstanus *Ruperti* : uipsanus *L recc.* uipsanius *M recc.* uipsianus *rec.* uispanus *rec.* uispanius *rec.* uisanius *rec.* uespasianus *rec.*

5 quinquagies nouies centena octoginta quattuor milia septuaginta duo *edd. ex* LVIIII LXXXIIII LXXII *M recc.* : LVIIII LXXXIIII LXII *recc.* LVIIII LXII *recc.* LVIII LXXXIII LXXII *L.*

C'est alors aussi qu'il cessa d'ignorer l'état de sa maison [1] ; peu après, il fut obligé de connaître et de punir les scandales de son épouse, en attendant qu'une passion ardente [2] le conduisît à des noces incestueuses [3].

26. 1 Déjà Messaline, dégoûtée de ses adultères trop faciles, se laissait entraîner à des voluptés inconnues, lorsque, de son côté, Silius [4] la pressait de couper court à la dissimulation, poussé par un délire fatal ou croyant trouver dans les périls mêmes un remède aux périls qui le menaçaient : 2 Assurément ils n'en étaient pas réduits à la nécessité d'attendre la vieillesse du prince [5]. Aux innocents les projets inoffensifs ; ceux dont le scandale est manifeste devaient recourir à l'audace. Ils avaient près d'eux des complices qui partageaient leurs craintes. Pour lui, sans femme, sans enfants, il était prêt à se marier, en adoptant Britannicus. Messaline garderait le même pouvoir en y ajoutant la sécurité, s'ils devançaient Claude, aussi prompt à la colère qu'imprévoyant des pièges [6]. 3 Elle accueillit froidement ces paroles, non par attachement à son mari, mais dans la crainte que Silius, parvenu au rang suprême, ne méprisât une femme adultère et que, après avoir approuvé le crime au milieu des dangers, il ne l'estimât ensuite à son vrai prix. Pourtant le mot de mariage excita ses désirs par la grandeur de l'infamie, où ceux qui ont tout prodigué trouvent la dernière jouissance [7]. N'ayant attendu que le départ de Claude, qui allait à Ostie pour un sacrifice [8], elle célèbre ses noces avec toute la solennité habituelle.

1. A l'inverse de 13, 1, après le récit de sa censure.
2. La même image est appliquée à Messaline 12, 2.
3. Avec sa nièce Agrippine : cf. XII, 3-7.
4. Cf. 5-6 ; 12.
5. Sens contesté, mais conforme à l'usage : cf. XV, 27, 1.
6. Argumentation renforcée par maints effets stylistiques.
7. Sur ce trait, cf. IV, 3, 3 ; XII, 64, 3. Sénèque, *Ep.*, 122, 18.
8. Sans doute aux Dioscures ou à Volcanus, protecteurs du ravitaillement : cf. Dion, LX, 31, 4. J. Carcopino, *Virgile et les origines d'Ostie*, 1919, p. 83 ; 116.

Isque illi finis inscitiae erga domum suam fuit ; haud multo post flagitia uxoris noscere ac punire adactus, ut deinde ardesceret in nuptias incestas.

26. 1 Iam Messalina, facilitate adulteriorum in fastidium uersa, ad incognitas libidines profluebat, cum abrumpi dissimulationem etiam Silius, [siue] fatali uecordia an imminentium periculorum remedium ipsa pericula ratus, urguebat : 2 Quippe non eo uentum ut senectam principis opperirentur. Insontibus innoxia consilia, flagiti*i* manifestis subsidium ab audacia petendum. Adesse conscios, paria metuentes. Se, caelibem, orbum, nuptiis et adoptando Britannico paratum. Mansuram eandem Messalinae potentiam, addita securitate, si praeuenirent Claudium, ut insidiis incautum, ita irae properum. 3 Segniter eae uoces acceptae, non amore in maritum, sed ne Silius, summa adeptus, sperneret adulteram scelusque, inter ancipitia probatum, ueris mox pretiis aestimaret. Nomen tamen matrimonii concupiuit ob magnitudinem infamiae, cuius apud prodigos nouissima uoluptas est. Nec ultra exspectato quam dum sacrificii gratia Claudius Ostiam proficisceretur, cuncta nuptiarum sollemnia celebrat.

5 suam fuit *M recc.* : f- s- *L* || adactus *codd.* : adactus est *Nipperdey.*

26, 1 iam *codd.* : nam *Bekker* || adulteriorum *L' recc* : -rorum *ML* || siue *secl. Acidal.* : siue taedio incertae fortunae siue *Nipperdey.*

2 senectam *recc.* : -ta *ML recc.* || opperirentur *recc.* : -retur *M recc.* operi- *recc.* operiretur *L recc.* experiretur *recc.* || flagitii *Acidal.* : flagitiis *codd.*, *Weiskopf* (*fort. recte*) || paria *V58 rec.*, *Puteol.* : patriam *ML recc.* partim *L''* patriani *rec.*

3 summa *M recc.* : -am *L recc.* samniam *rec.*

27. Je ne l'ignore pas, il paraîtra fabuleux que des mortels aient eu tant d'assurance dans une cité où tout se sait et rien ne se tait, et à plus forte raison qu'un consul désigné [1] ait osé s'unir à l'épouse du prince, un jour fixé d'avance, devant des témoins appelés à sceller l'acte, comme pour légitimer la reconnaissance des enfants ; que cette femme ait écouté les formules des auspices, engagé des vœux, sacrifié aux dieux ; qu'ils aient soupé au milieu des convives, échangé des baisers, des étreintes, passé enfin la nuit dans les libertés conjugales [2]. Mais, loin d'avoir rien arrangé en vue du merveilleux [3], je transmets ce qu'ont dit et écrit mes aînés [4].

28. 1 Ainsi donc, la maison du prince avait frémi d'horreur [5], et ceux-là surtout qui détenaient le pouvoir et redoutaient un changement éventuel [6], renonçant aux entretiens secrets, protestaient ouvertement : Qu'un histrion [7] eût foulé insolemment la couche impériale apportait certes un déshonneur, mais n'entraînait pas la ruine ; maintenant un homme jeune et noble, ayant pour lui la distinction de la beauté, la vigueur de l'esprit et la proximité du consulat, s'armait pour un plus haut espoir ; de fait, on voyait bien ce qui restait à faire après

1. Cf. 5, 3.

2. Tacite accumule tous les rites du mariage, comme pour Néron et Pythagoras XV, 37, 4. Cf. notamment Juvénal, II, 119 : *ingens cena* ; X, 336 : *ueniet cum signatoribus auspex.* L'addition de *uota* se justifie le mieux après *uerba* et avec *deos.*

3. Cf. IV, 11, 2 : *fabulosa* ; 11, 3 : *in miraculum corruptis.*

4. Cf. III, 16, 1. L'allitération renforce l'affirmation. Cependant, si Suétone, *Cl.*, 29, 3, et Juvénal, X, 329 sqq., relatent la même tradition, Dion, LX, 31, 4, ne mentionne qu'un banquet et un divertissement licencieux, et certains croient à une initiation dionysiaque mal interprétée : cf. 31, 2. J. Colin, *Les Et. Cl.*, 24, 1956, p. 25-34. E. Koestermann, *Komm.*, p. 88.

5. Expression semblable XII, 1, 1.

6. Les affranchis ; cf. 24, 4 ; 29, 2 ; 38, 4 ; XII, 1, 1 ; 54, 1. Suétone, *Cl.*, 28. Dion, LX, 31, 2.

7. Le pantomime Mnester : cf. 4. Texte corrompu et incertain.

27. Haud sum ignarus fabulosum uisum iri tantum ullis mortalium securitatis fuisse in ciuitate omnium gnara et nihil reticente, nedum consulem designatum cum uxore principis, praedicta die, adhibitis qui obsignarent, uelut suscipiendorum liberorum causa, conuenisse, atque illam audisse auspicum uerba, ⟨uota⟩ subisse, sacrificasse apud deos; discubitum inter conuiuas, oscula, complexus, noctem denique actam licentia coniugali. Sed nihil compositum miraculi causa, uerum audita scriptaque senioribus trado.

28. 1 Igitur domus principis inhorruerat, maximeque quos penes potentia et, si res uerterentur, formido, non iam secretis conloquiis, sed aperte fremere; dum histr*i*o cubiculum principis *ins*ultauer*it*, dedecus quidem inlatum, sed excidium procul afuisse; nunc iuuenem nobilem, dignitate forma*e*, ui mentis ac propinquo consulatu maiorem ad spem accingi; nec enim occultum quid post tale matrimonium superesset.

27 tantum ullis *L recc.* : t- ulli *recc.* t- nullis *rec.* tanto nullis *M* tanto nulli *recc.* || audisse *codd.* : *del. Walther* || auspicum *M recc.* : aurus- *recc.* arus- *L recc.* harus- *recc.* || uota subisse *Draeger* : subi(i)sse *ML recc. om. recc.* subisse uota *Hanslik* subisse flammeum *Urlichs* (*cf.* XV, 37, 4) subisse manum *Fuchs* nupsisse *Lips.* || complexus *M recc.* : complessus *rec.* amplexus *L recc.* || actam licentia *ML' recc.* : l- a- *L* || trado *M'* : tradam *ML recc.*

28, 1 non iam secretis *M recc.* : s- n- i- *L* || aperte *M recc.* : -to *L recc.* || histrio *Bipontini* : histruo *M* instruo *recc.* industruo *recc.* industria *recc.* inseruit *L, Koestermann* || insultauerit *Bipontini* : exultabero *M* exultauero *recc.* occulit adulteros *recc.* adulterio *L, Koestermann* exultauerit *J.F. Gronov Becher* || excidium *recc.* : et scidium *M* exitium *L* || afuisse *Orelli* : abf- *L' recc.* aff- *ML recc.* adf- *rec.* || formae *Lips.* : -a *codd.*

un tel mariage. 2 Assurément la crainte les envahissait à la pensée que Claude était un niais, asservi à son épouse [1], et que de nombreux meurtres avaient été commis sur l'ordre de Messaline. En revanche, la faiblesse [2] même de l'empereur leur inspirait confiance : si l'énormité du crime leur donnait l'avantage, cette femme pourrait succomber en étant condamnée avant d'être jugée ; mais la question était de savoir si sa défense serait entendue et de faire en sorte que les oreilles de Claude fussent fermées même à ses aveux.

29. 1 Et d'abord Calliste [3], que j'ai déjà mentionné dans l'assassinat de C. César [4], l'artisan du meurtre d'Appius [5], Narcisse [6], et l'homme qui jouissait à ce moment de la faveur la plus éclatante, Pallas [7], envisagèrent d'arracher Messaline par de secrètes menaces à l'amour de Silius, en dissimulant tout le reste. 2 Puis, craignant de se perdre eux-mêmes, ils renoncent, Pallas par lâcheté, Calliste sachant en outre par l'expérience de la cour précédente que, pour maintenir son crédit, l'adresse est plus sûre que la rigueur des avis ; Narcisse persista, en prenant seulement la précaution de ne pas dire un mot qui fît pressentir à Messaline le grief ni l'accusateur. 3 Guettant lui-même les occasions, comme César s'attardait à Ostie [8], il s'entendit avec deux courtisanes, dont le prince appréciait particulièrement les charmes ; par des largesses et des promesses, en leur faisant valoir que, une fois l'épouse rejetée, elles auraient plus de pouvoir, il les décida à se charger de la dénonciation.

1. Cf. XII, 1, 1 ; XIII, 3, 1.
2. Même terme XII, 61, 2. Cf. A. Michel, *Tacite*, p. 145.
3. Secrétaire *a libellis*. Cf. 38, 4 ; XII, 1-2. Pline, *H.N.*, XXXIII, 134 ; XXXVI, 60.
4. Caligula. Dans un passage perdu. Cf. 1, 2. Josèphe, *Ant.*, XIX, 63-5. Dion, LIX, 29.
5. Junius Silanus. En 42. Cf. IV, 68 ; VI, 9. Suétone, *Cl.*, 37, 2.
6. *Ab epistulis*. Cf. 30 ; 33-38 ; XII, 1-2 ; 57 ; 65-6 ; XIII, 1. Suétone, *Cl.*, 28. Dion, LX, 15-6 ; 19 ; 34.
7. *A rationibus*. Cf. 38 ; XII, 2 ; 25 ; 53 ; 65 ; XIII, 2 ; 14, 23 ; XIV, 2 ; 65. Pline le Jeune, *Ep.* VIII, 6, 7. Suétone, *Cl.*, 28.
8. Il y fit effectuer de grands travaux.

2 Subibat sine dubio metus reputantes hebetem Claudium et uxori deuinctum multasque mortes iussu Messalinae patratas. Rursus ipsa facilitas imperatoris fiduciam dabat, si atrocitate criminis praeualuissent, posse opprimi damnatam ante quam ream ; sed in eo discrimen uerti, si defensio audiretur utque clausae aures etiam confitenti forent.

29. 1 Ac primo Callistus, iam mihi circa necem ⟨C.⟩ Caesaris narratus, et, Appianae caedis molitor, Narcissus, flagrantissimaque eo in tempore gratia, Pallas, agitauere, num Messalinam secretis minis depellerent amore Silii, cuncta alia dissimulantes. 2 Dein, metu ne ad perniciem ultro traherentur, desistunt, Pallas per ignauiam, Callistus prioris quoque regiae peritus et potentiam cautis quam acribus consiliis tutius haberi ; perstitit Narcissus, solum id immutans, ne quo sermone praesciam criminis et accusatoris faceret. 3 Ipse, ad occasiones intentus, longa apud Ostiam Caesaris mora, duas paelices, quarum is corpori maxime insueuerat, largitione ac promissis et, uxore deiecta, plus potentiae ostentando, perpulit delationem subire.

2 hebetem *M recc.* : habentem *rec.* secordem *L* || in eo *M recc.* : in *recc.* eo *L recc.*

29, 1 C. *add. Faernus* || et *M recc.* : ac *L recc.*

2 ultro *recc., Puteol.* : ultra *ML recc.* || et *M recc.* : per *L recc.* || solum id *L, Rhen.* : ut solum id *M recc.* ut id solum *recc.* et solum id *recc.* set solum id *Halm* id solum *Sörbom* || accusatoris *recc.* : -res *M recc.* accusationis *L.*

3 potentiae *recc.* : -a *ML recc.* -am *rec.* || ostentando *recc.* : eos temptando *M recc.* eos tentando *recc.* eas temptando *M' recc.* eas tentando *recc.* || perpulit *V58 recc., Puteol.* : perculit *ML recc.* pertulit *recc.*

30. 1. Immédiatement Calpurnia — c'était le nom d'une des courtisanes —, dès qu'elle fut admise en privé auprès de César, se jetant à ses genoux, s'écrie que Messaline a épousé Silius ; en même temps, s'adressant à Cléopâtre, qui attendait debout à côté, elle lui demande si elle a appris la nouvelle, et, sur un signe affirmatif, elle sollicite la venue de Narcisse [1]. 2 Celui-ci demande pardon pour le passé d'avoir dissimulé [2] les Titius [3], les Vettius [4] et les Plautius [5] et déclare que même maintenant il ne reprocherait pas les adultères, loin de réclamer la maison, les esclaves et les autres ornements de la grandeur [6]. Que l'autre jouît plutôt de ces biens, mais qu'il rendît l'épouse et rompît les tablettes nuptiales [7]. 3 « Ta propre répudiation, dit-il, la connais-tu ? Car le mariage de Silius a été vu par le peuple, par le sénat et par l'armée [8] ; et si tu n'agis pas promptement, Rome est au pouvoir du mari [9]. »

31. 1 Alors Claude fait venir les principaux [10] de ses amis et il interroge d'abord le préfet de l'annone, Turranius [11], puis Lusius Geta [12], commandant des prétoriens.

1. La brachylogie traduit le déroulement rapide d'une scène bien montée par l'affranchi.
2. Les principaux amants de Messaline.
3. Proculus, chevalier romain. Cf. 35, 3.
4. Valens, médecin. Cf. 31, 3 ; 35, 3. Pline, *H.N.*, XXIX, 8.
5. Lateranus. Cf. 36, 4 ; XIII, 11, 2 ; XV, 49, 3 ; 53, 2 ; 60, 1.
6. Cf. 12, 3. Sur ce passage contesté, cf. H. Heubner, *Wien. St.*, 77, 1964, p. 141-3. Il semble que *ne* = *nedum* et que *reposceret* ait pour sujet Narcisse, qui se substitue à l'empereur.
7. Même expression Juvénal, IX, 75.
8. Inversion et transformation de la formule traditionnelle *senatus populusque* ; cf. I, 7, 2 ; XII, 69 ; XIV, 11, 1.
9. Le passage au style direct, l'emploi de *discidium*, le rejet de *tuum* et la place de *maritus* en fin de chapitre accentuent la vigueur et la hardiesse de l'intervention.
10. Le pluriel *potissimos* est employé XIII, 18, 1 ; XIV, 65, 1.
11. Caius. Déjà préfet de l'annone en 14 : cf. I, 7, 2. Sénèque, *De Br. V.*, 20.
12. Cf. 33 ; XII, 42, 1. Le second préfet du prétoire (cf. 1, 3) avait dû rester à Rome.

30. 1 Exim Calpurnia — id paelici nomen —, ubi datum secretum, genibus Caesaris prouoluta, nupsisse Messalinam Silio exclamat; simul Cleopatram, quae [idem] opperiens adstabat, an idem comperisset interrogat, atque, illa adnuente, cieri Narcissum postulat. 2 Is, ueniam in praeteritum petens, quod *Titios*, Vettios, Plautios dissimulauisset, nec nunc adulteria obiecturum ait, ne domum, seruitia et ceteros fortunae paratus reposceret. Frueretur immo his, *sed* redderet uxorem rumperetque tabulas nuptiales. 3 « An discidium, inquit, tuum nosti ? Nam matrimonium Silii uidit populus et senatus et miles ; ac, ni propere agis, tenet Vrbem maritus ».

31. 1 Tum potissim*os* amicorum uocat, primumque rei frumentariae praefectum, Turranium, post Lusium Getam, praetorianis impositum, percunctatur. Quis

30, 1 exim *edd.* : exin *ML recc.* exinde *rec.* et in *rec.* || paelici *M recc.* : pellici *L recc.* alteri paelici *Andresen*||idem *secl. Andresen* : et idem *L* id *Halm* id ipsum *Doederlein* || opperiens *M recc.* : oper- *L recc.* || idem *L, Andresen* : *om. M recc.* || interrogat *M recc.* : -abat *L.*

2 Titios, Vettios, Plautios *Brotier* : cicios uectios plaucios *L* ei cis uetticis plautio *M recc.* cicis uetticis plautio *recc.* ei cis uectium plantium (*uel* plontium) *recc.* cicis uecticis plautio *recc.* ei cis ueticium plautium *rec.* eicis uectum planctum *rec.* ei cis uetitio plautio *rec.* citis uetitis plautio *rec.* ei Vettios Plautios *Nipperdey* (*fort. recte*) || dissimulauisset *L recc.* : dissimulasset *rec.* dimulauisset *M* || obiecturum *M recc.* : -rus *L recc.* || ne domum *ML recc.* : nedum domum *Halm* (*fort. recte*) nedum *Ritter* || frueretur... tabulas *M recc.* : cogeretur una cum his et reddere uxorem rumpereque tabulas *L* || set *Acidal.* : et *codd.*

31, 1 potissimos *Mercier Orelli Ritter Weiskopf* : potissimum *M recc.*, *Walther* potissimum quemque *L, Koestermann* || quis *M recc.* : quibus *M' L recc.* quid *recc.* quod *recc.*

Comme ils conviennent des faits, les autres s'écrient à l'envi [1] qu'il aille au camp [2], affermisse les cohortes prétoriennes, assure sa sécurité avant sa vengeance. On s'accorde à dire que Claude fut envahi d'une telle frayeur qu'il demandait sans cesse si lui-même était maître de l'empire ou Silius un simple particulier [3]. 2 Quant à Messaline, plus livrée que jamais à la débauche, au cœur de l'automne [4], elle donnait dans la maison [5] un simulacre de vendanges : on voyait serrer les pressoirs, déborder les cuves [6] ; et des femmes, vêtues de peaux [7], bondissaient comme les Bacchantes en plein sacrifice ou en plein délire ; elle-même, échevelée, secouant un thyrse, et, près d'elle, Silius, couronné de lierre, portaient des cothurnes, agitaient la tête, aux cris d'un chœur lascif [8]. 3 On rapporte que Vettius Valens [9], déchaîné, se hissa jusqu'au sommet d'un arbre élevé, et, comme on lui demandait ce qu'il apercevait, il répondit : « Un orage affreux venant d'Ostie », soit que ce phénomène eût commencé, soit qu'une parole jetée au hasard tournât au présage.

32. 1 Cependant ce n'est plus une rumeur, mais des messagers arrivent de toutes parts, annonçant que Claude est instruit de tout et qu'il vient prêt à la vengeance. Alors Messaline se retire dans les jardins de Lucullus [10] et Silius, pour dissimuler sa frayeur, va au forum vaquer à ses fonctions. Comme les autres se dispersaient, les centurions survinrent et les chargè-

1. Allitération intensive.
2. Des prétoriens, au N.-E. de Rome. Cf. 35, 2 ; IV, 2, 1.
3. De même Suétone, *Cl.*, 36.
4. Même image II, 23, 1 ; XIII, 36, 1. Sans doute à la fin des *feriae uindemiales*, qui duraient du 23 août au 15 octobre et se terminaient par un sacrifice à Liber.
5. De Silius ; cf. 12, 3.
6. Effets de brachylogie et de parallélisme.
7. Cf. Virgile, *En.*, VII, 396 : *incinctae pellibus*.
8. Cf. Dion, LX, 31, 4. *Supra*, p. 30, n. 4.
9. Cf. 30, 2.
10. Cf. 1, 1 ; 37, 1.

fatentibus, certatim ceteri circumstrepunt, iret in castra, firmaret praetorias cohortes, securitati ante quam uindictae consuleret. Satis constat eo pauore offusum Claudium ut identidem interrogaret an ipse imperii potens an Silius priuatus esset. 2 At Messalina, non alias solutior luxu, adulto autumno, simulacrum uindemiae per domum celebrabat : urgeri prela, fluere lacus ; et feminae, pellibus accinctae, adsultabant, ut sacrificantes uel insanientes Bacchae ; ipsa, crine fluxo, thyrsum quatiens, iuxtaque Silius, hedera uinctus, gerere cothurnos, iacere caput, strepente circum procaci choro. 3 Ferunt Vettium Valentem, lasciuia in praealtam arborem conisum, interrogantibus quid aspiceret, respondisse tempestatem ab Ostia atrocem, siue coeperat ea species, seu forte lapsa uox in praesagium uertit.

32. 1 Non rumor interea, sed undique nuntii incedunt, qui gnara Claudio cuncta et uenire promptum ultioni adferrent. Igitur Messalina Luc*ul*lianos in hortos, Silius dissimulando metu ad munia fori digrediuntur. Ceteris passim dilabentibus, adfuere centuriones, indi-

1 fatentibus *M recc.* : tacen- *recc.* stan- *recc.* dubitan- *L* || certatim *recc., Puteol.* : certium *M* cert(i)us *recc.* certis *recc.* et incertis *L* || pauore *M recc.* : -ris *L'* || offusum *M recc.* : obfusum *recc.* effusum *L.*

2 non alias *M recc.* : qua non alia *L recc.* quia non alia *recc.* || iuxtaque *M'recc.* : iuxta quae *M* iuxta quam *L recc.* iuxta *recc.*

3 lapsa *L recc.* : lassa *M.*

32, 1 Lucullianos *Beroald.* : lucili- *L recc.* fucili- *M recc.* fulcilianos *rec.* fultianos *rec.* Lucullanos *W. Heraeus* || metu *ML recc.* (*cf.* XV, 69, 2) : metum *M' recc.*

rent de chaînes [1], à mesure qu'ils les trouvaient, en pleine rue ou dans des cachettes. 2 Cependant Messaline, malgré le trouble où la plongeait ce revers, décida sans faiblesse d'aller à la rencontre de son mari et de se montrer à lui — moyen auquel elle avait souvent recouru — et elle envoya dire à Britannicus [2] et à Octavie [3] de venir se jeter dans les bras de leur père. Puis elle pria Vibidia, la plus ancienne des Vestales [4], de prendre audience auprès du grand pontife [5], d'implorer sa clémence [6]. 3 Et en attendant, accompagnée seulement de trois personnes, — tel était soudain son isolement [7] — elle traverse toute la ville à pied et, montant sur un de ces chariots qui servent à enlever les ordures des jardins, elle s'engage sur la route d'Ostie, sans trouver la moindre pitié, car l'horreur de ses crimes l'emportait sur tout [8].

33. L'alarme n'était pas moins vive du côté de César, car on n'avait qu'une médiocre confiance en Géta, préfet du prétoire [9], aussi inconstant pour le bien que pour le mal. Aussi Narcisse, avec le concours de ceux qui partageaient ses craintes [10], affirme-t-il que l'unique espoir de salut pour César est de transférer durant ce seul jour le pouvoir militaire à l'un de ses affranchis, et il s'offre à l'assumer. Puis, craignant que, au cours du trajet jusqu'à Rome, L. Vitellius [11] et Largus Caecina [12]

1. Même expression 1, 3.
2. Agé de 6 ans. Cf. 4, 3 ; 11, 2 ; 34, 2.
3. Agée de 7 ans. Cf. 34, 2 ; XII, 2-3 ; 9 ; 58, 1 ; 68, 3 ; XIII, 12, 2 ; 16, 4 ; XIV, 60 ; 63-4.
4. La Grande Vestale, qui avait le droit d'intervention. Cf. 34, 3 ; II, 86. Cicéron, *Pro Font.*, 46. Allitération intensive.
5. L'empereur lui-même. Cf. 34, 3 ; III, 58, 3.
6. Le parallélisme et l'asyndète soulignent l'urgence.
7. Même trait de psychologie humaine XIII, 19, 1.
8. Expression semblable *H.*, III, 84, 5.
9. Cf. 31, 1.
10. Cf. 28, 1.
11. Cf. 2-3 ; XII, 4-6.
12. Caius. Consul avec Claude en 42 : cf. Dion, LX, 10, 1.

taque sunt uincla, ut quis reperiebatur in publico aut per latebras. 2 Messalina tamen, quamquam res aduersae consilium eximerent, ire obuiam et aspici a marito, quod saepe subsidium habuerat, haud segniter intendit, misitque ut Britannicus et Octauia in complexum patris pergerent. Et Vibidiam, uirginum Vestalium uetustissimam, orauit pontificis maximi aures adire, clementiam expetere. 3 Atque interim, tribus omnino comitantibus — id repente solitudinis erat — spatium urbis pedibus emensa, uehiculo, quo purgamenta hortorum *ex*cipiuntur, Ostiensem uiam intrat, nulla cuiusquam misericordia, quia flagitiorum deformitas praeualebat.

33. Trepidabatur nihilo minus a Caesare : quippe Getae, praetorii praefecto, haud satis fidebant, ad honesta seu praua iuxta leui. Ergo Narcissus, adsumptis quibus idem metus, non aliam spem incolumitatis Caesaris adfirmat quam si ius militum uno illo die in aliquem libertorum transferret, seque offert suscepturum. Ac ne, dum in Vrbem uehitur, ad paenitentiam

2 aspici a *M recc.* : auspicia *L recc.* || quod *M recc.* : quid *recc.* quae *L recc.* || misitque *Halm* : misique *M* missique *M' recc.* iussique *recc.* ussitque *L recc.* || pontificis *L recc.* : -ci *M recc.*

3 excipiuntur *Heins.* : erip- *ML rec.* reperiuntur *recc.* || cuiusquam *L recc.* : -que *M recc.* cuiuscumque *recc.*

33 a caesare *codd.* : ad Caesarem *Nipperdey* || fidebant *M* : -at *L recc.* || metus *M recc.* : m- erat *L recc.* || caesaris *ML recc.*, *Weiskopf* : caesari *M*[m], *Koestermann* || uehitur *M' recc.*, *Puteol.* : refertur u- *M* refert u- *recc.* referret u- *recc.* referre u- *rec.* refertur *rec.*, *Weiskopf* referatur uehiculo *L*, *Koestermann* reuehitur *Orelli* (*fort. recte*).

ne transforment sa décision en regrets, il demande une place dans la même voiture, et la prend.

34. 1 On a souvent rapporté depuis que, entre les paroles contradictoires du prince, qui tantôt stigmatisait les scandales de son épouse, parfois se reportait au souvenir de leur union et au bas âge de leurs enfants, Vitellius ne proféra que ces mots : « O forfait ! ô crime ! [1] ». Narcisse avait beau le presser de livrer la clef de l'énigme et de faire connaître la vérité [2], il ne put vaincre son obstination à ne donner que des réponses vagues, se prêtant à toute interprétation, ni empêcher Largus Caecina de suivre son exemple [3]. 2 Déjà Messaline était en vue, conjurant le prince à cris redoublés d'entendre la mère d'Octavie et de Britannicus, quand l'accusateur [4] couvre sa voix en rappelant Silius et ses noces ; en même temps, il remit un mémoire indiquant ses débauches, pour détourner les yeux [5] de César. 3 Peu après, au moment où il entrait dans la Ville, on allait présenter à sa vue leurs enfants communs [6], si Narcisse ne les avait fait écarter. Il ne réussit pas à repousser Vibidia [7] pour l'empêcher de réclamer en termes virulents qu'une épouse ne fût pas livrée à la mort sans avoir pu se défendre. Aussi répondit-il que le prince l'entendrait et qu'elle aurait la liberté de se disculper ; qu'en attendant la Vestale se retirât et s'occupât de ses fonctions sacrées [8].

1. Le style direct anime le récit sans percer le mystère.
2. Effets de pittoresque, d'allitération et de chiasme.
3. Ils n'osent pas se compromettre : trait de psychologie et d'humour.
4. Narcisse, qui continue à tout mener, comme le soulignent le mode et la place du verbe.
5. Même expression Lucain, VIII, 591. Pluriel poétique.
6. Adjectif sentimental (cf. I, 40, 3), destiné aussi à distinguer Britannicus et Octavie d'Antonia, fille de Paetina (cf. XII, 2, 1).
7. La Vestale était sacro-sainte ; cf. 32, 2. L'emploi de *quin* après *depellere* est unique chez Tacite et rare en latin.
8. Refus sarcastique d'une audience, contrairement à la tradition.

a L. Vitellio *et* Largo Caecina mutaretur, in eodem gestamine sedem poscit sumitque.

34. 1 Crebra posthac fama fuit, inter diuersas principis uoces, cum modo incusaret flagitia uxoris, aliquando ad memoriam coniugii et infantiam liberorum reuolueretur, non aliud prolocutum Vitellium quam : « O facinus ! o scelus ! ». Instabat quidem Narcissus aperire ambages et ueri copiam facere ; sed non ideo peruicit quin suspensa et quo ducerentur inclinatura responderet exemploque eius Largus Caecina uteretur. 2 Et iam erat in aspectu Messalina clamitabatque audiret Octauiae et Britannici matrem, cum obstrepere accusator, Silium et nuptias referens ; simul codicillos libidinum indices tradidit, quis uisus Caesaris auerteret. 3 Nec multo post Vrbem ingredienti offerebantur communes liberi, nisi Narcissus amoueri eos iussisset. Vibidiam depellere nequiuit, quin multa cum inuidia flagitaret ne indefensa coniunx exitio daretur. Igitur auditurum principem et fore diluendi criminis facultatem respondit ; iret interim uirgo et sacra capesseret.

33 et *Nipperdey* : p. *ML recc.* a p. *rec.* et P. *Brotier* || poscit sumitque *L recc.* : poscitass- *M'* poscitus s- *M recc.* positus s- *recc.* poscit adsumiturque *Walther.*

34, 1 aperire *codd.* : aperiret *Madvig* || facere *codd.* : faceret *Madvig.*

2 et iam erat *M rec.* : etiam erat *recc.* erat etiam *L* || audiret *M recc.* : -ri *L recc.* || obstrepere *M' Acidal.* : -peret *ML recc.*

3 nequiuit *M recc.* : nequit *recc.* nequeunt *L* || quin M^m *L recc.* : quid *M recc.* quae *recc.* cum *recc.* || coniunx *M' L recc.* : coniux *M recc.* coniunxit *rec.* || principem *M' recc.* : -e *M* se princeps *recc.* participem *rec.* || respondit *L recc.* : Rp *M.*

35. 1 Étrange fut en ces moments le silence de Claude, et Vitellius semblait ne rien savoir ; tout obéissait à l'affranchi. Il ordonne d'ouvrir la maison de l'adultère [1] et d'y mener l'empereur. Et d'abord, dans le vestibule, il lui montre la statue de Silius le père, qu'un sénatus-consulte avait vouée à la destruction [2], puis toutes les richesses héréditaires des Nérons et des Drusus [3], devenues le prix de l'infamie [4]. 2 Voyant qu'il s'enflamme et qu'il éclate en menaces, il le conduit au camp [5], où déjà les soldats étaient assemblés ; à la suite de Narcisse [6], Claude les harangua en peu de mots [7], car, bien que légitime, son ressentiment était entravé par la honte. Un long cri part aussitôt des cohortes [8], qui réclament les noms des coupables et leur châtiment. Amené devant le tribunal [9], Silius ne tenta ni de se défendre ni de gagner du temps ; il pria qu'on hâtât sa mort. 3 Même fermeté chez les chevaliers romains de premier rang [10]. Et alors Titius Proculus, auquel Silius avait confié la garde [11] de Messaline et qui offrait des révélations, Vettius Valens, qui avouait [12], Pompeius Urbicus et Saufeius Trogus [13], parmi les complices, sont livrés au supplice par ordre de Claude. Decrius Calpurnianus aussi, préfet des vigiles [14], Sulpicius

1. Maintenant vide : cf. 12, 3 ; 30-1. Le rapprochement des mots *imperatorem* et *iubet* est significatif.
2. Après son procès en 24 ; cf. IV, 18-20. De même XVI, 7, 2.
3. Deux des *gentes* d'où était issue la famille impériale ; cf. I, 28, 4 ; V, 1, 1.
4. Cf. 12, 3 ; 30, 2. Allitération expressive.
5. Des cohortes prétoriennes. Cf. 31, 1 ; IV, 2, 1.
6. Détenteur du pouvoir militaire : cf. 33. De même XII, 69, 1.
7. Suétone, *Cl.*, 26, 2, développe le discours, mais le place après la mort de Messaline.
8. L'allitération renforce l'emphase.
9. Du camp. Cf. I, 18, 2 ; 44, 2 ; XII, 36, 3.
10. Cf. 4, 1. Le texte suivant reste incertain.
11. Usage souvent attesté, tourné ici en dérision ; cf. 30, 2.
12. *Ibid.* Gradation descendante.
13. Cf. Sénèque, *Apoc.*, 13, 4. Urbicus est inconnu par ailleurs, de même que Calpurnianus et Rufus.
14. Les pompiers de Rome, répartis en quatorze cohortes pour sept régions.

35. 1 Mirum inter haec silentium Claudii, Vitellius ignaro propior; omnia liberto oboediebant. Patefieri domum adulteri atque illuc deduci imperatorem iubet. Ac primum in uestibulo effigiem patris Silii, consulto senatus abolitam, demonstrat, tum quicquid *au*itum Neronibus et Drusis in pretium probri cessisse. 2 Incensumque et ad minas erumpentem castris infert, parata contione militum; apud quos, praemonente Narcisso, pauca uerba fecit : nam, etsi iustum, dolorem pudor impediebat. Continuus dehinc cohortium clamor, nomina reorum et poenas flagitantium. Admotusque Silius tribunali, non defensionem, non moras temptauit, precatus ut mors adceleraretur. 3 Eadem constantia et inlustres equites Romani [cupido maturae necis fuit]. Et Titium Proculum, custodem a Silio Messalinae datum et indicium offerentem, Vettium Valentem, confessum, et Pompeium Vrbicum ac Saufeium Trogum, ex consciis, tradi ad supplicium iubet. Decrius quoque Calpurnianus, uigilum praefec-

35, 1 claudii *L recc.* : -di *M* -dius *rec.* || uitellius *recc.* : iulius *ML recc.* || auitum *Chifflet* : habitum *codd.*

3 equites *M recc.* : uiros equites *L recc.* || romani *M recc.* : R *L* romanos *recc.*, *edd.* || cupido maturae necis fuit *secl. Ritter Nipperdey* || cupido *M recc.* : -os *L recc.*, *Koestermann* || fuit *M recc.* : fecit *L recc.*, *Koestermann* fuerunt *Haase* || et *M recc.* : *om. L recc.* || titium *codd.* : Tettium *Andresen* || a silio *M* : s- ac *L recc.* s- et *recc.* || datum *M* : dat *L recc.* dant *recc.*||confessum *M recc.* : et c- *L recc.* || saufeium *M' recc.* : saufelium *M recc.* saufel(l)um *L recc.* saufellium *rec.* || tradi *ML recc.* : trahi *rec.*, *Rhen.* || decrius *M recc.* : decius *recc.* dorius *L* deorius *recc.* decus *rec.* || uigilum M^m *recc.* : -lium *M recc.* uirgilius *L recc.* uigilibus *L'* uirginius *rec.*

Rufus, procurateur de l'école des gladiateurs [1], et le sénateur Juncus Vergilianus [2] furent frappés de la même peine.

36. 1 Seul Mnester [3] provoqua une hésitation : ayant déchiré ses vêtements, il ne cessait de crier au prince de regarder les traces des coups, de se rappeler le mot par lequel il l'avait soumis aux ordres de Messaline ; les autres avaient cédé aux largesses ou à la grandeur des espérances, lui n'avait péché que par nécessité ; et nul n'aurait péri avant lui dans le cas où Silius se fût emparé du pouvoir. 2 Vivement ému par ces paroles, Claude penchait vers la pitié ; mais ses affranchis le persuadèrent [4] que, après la mise à mort de tant d'hommes illustres, on n'avait pas à s'inquiéter d'un histrion ; qu'il eût commis de lui-même ou sous la contrainte de si grandes fautes, peu importait. 3 On n'admit pas même la défense du chevalier romain Traulus Montanus [5] : ce jeune homme réservé, mais d'une rare beauté, avait été convoqué et mis à la porte dans la même nuit par Messaline, poussée par une passion également libertine vers le désir et le dégoût [6]. 4 Suillius Caesoninus et Plautius Lateranus [7] échappent à la mort, celui-ci grâce au mérite éclatant de son oncle [8], Caesoninus protégé par ses vices, pour avoir, dans cette ignoble compagnie, joué le rôle de femme.

37. 1 Cependant Messaline, revenue dans les jardins de Lucullus [9], cherchait à prolonger sa vie, à composer une supplique, non sans un reste d'espoir et avec des

1. Attestée par Pline, *H.N.*, XI, 144, sous le règne de Caligula, dirigée par un chevalier romain.
2. Cf. Sénèque, *Apoc.*, 13, 4.
3. Le pantomime. Cf. 4, 1 ; 28, 1. Dion, LX, 22, 4-5.
4. Cf. Sénèque, *Apoc.*, 13, 4.
5. Sextus. Cf. *ibid.*
6. Cf. 26, 1. Effet de variété.
7. Cf. 2, 1 ; 30, 2.
8. A. Plautius, gouverneur de Bretagne en 43, honoré de l'*ouatio*. Cf. XIII, 32, 2 ; *Agr.*, 14, 1. Suétone, *Cl.*, 24, 3.
9. Cf. 1 ; 32.

tus, Sulpicius Rufus, ludi procurator, Iuncus Vergilianus, senator, eadem poena adfecti.

36. 1 Solus Mnester cunctationem attulit, dilaniata ueste, clamitans aspiceret uerberum notas, reminisceretur uocis, qua se obnoxium iussis Messalinae dedisset ; aliis largitione aut spei magnitudine, sibi ex necessitate culpam ; nec cuiquam ante pereundum fuisse, si Silius rerum poteretur. 2 Commotum his et pronum ad misericordiam Caesarem perpulere liberti ne, tot inlustribus uiris interfectis, histrioni consuleretur ; sponte an coactus tam magna peccauisset, nihil referre. 3 Ne Trauli quidem Montani, equitis Romani, defensio recepta est : is, modesta iuuenta sed corpore insigni, accitus ultro noctemque intra unam a Messalina proturbatus erat, paribus lasciuiis ad cupidinem et fastidia. 4 Suillio Caesonino et Plautio Laterano mors remittitur, huic ob patrui egregium meritum ; Caesoninus uitiis protectus est, tamquam in illo foedissimo coetu passus muliebria.

37. 1 Interim Messalina Lucullianis in hortis prolatare uitam, componere preces, nonnulla spe et aliquando

3 uergilianus *ML recc.* : uir- *recc.* uirginianus *rec.* || affecti *M recc.* : -ti sunt *L recc.*

36, 1 poteretur *M* : potiretur *L recc.*

3 trauli *M recc.* : drauli *L'* arauli *L recc.* retrauli *rec.* tranquilli *rec.* || equitis romani *M recc.* : r- e- *L.*

4 suillio *recc.* : suilio *M recc.* suillo *L recc.* suilo *recc.* siullio et *rec.* si ullo *rec.*

37, 1 lucullianis *rec.*, *Alciatus* (*cf.* 32, 1) : lucilianis *ML recc.* lucillianis *recc.* lucinianis *recc.* lucianis *recc.* licinianis *rec.*

accès de colère : tant elle montrait d'orgueil en cette extrémité ! Et si Narcisse n'avait pas hâté son meurtre, le coup retombait sur l'accusateur. 2 En effet, Claude, rentré chez lui et adouci par un festin prolongé, une fois échauffé par le vin [1], ordonne qu'on aille signifier à la malheureuse — ce fut, dit-on, le mot qu'il employa — de se présenter le lendemain pour plaider sa cause. A ces mots, on comprit que la colère faiblissait, que l'amour revenait et, si l'on temporisait, on redoutait la nuit prochaine et le souvenir du lit conjugal ; Narcisse bondit et enjoint aux centurions et au tribun de garde d'accomplir le meurtre : tel était l'ordre de l'empereur. Pour les surveiller et presser l'exécution [2], on leur adjoint l'affranchi [3] Evodus. 3 Celui-ci courut aux jardins en prenant les devants, et il trouva Messaline étendue à terre, ayant près d'elle sa mère Lepida [4], qui, brouillée avec sa fille en pleine prospérité [5], avait été, en ces moments suprêmes, réduite à la compassion et qui lui conseillait de ne pas attendre le meurtrier : c'en était fait de sa vie et il ne lui restait qu'à rendre sa mort honorable [6]. 4 Mais cette âme, corrompue par les débauches, n'avait plus rien de noble ; les larmes et les plaintes stériles se prolongeaient, quand les arrivants forcèrent la porte, et le tribun se dressa devant elle en silence, tandis que l'affranchi se répandait en injures, bien dignes d'un esclave [7].

38. 1 Alors pour la première fois elle comprit sa situation et saisit un poignard, mais, tandis que, dans son trouble, elle l'approchait en vain de sa gorge ou de sa poitrine, le tribun la transperce d'un coup [8]. Le corps fut

1. Cf. 38, 2 ; XII, 67, 1. Même image XIV, 2, 1.
2. Même expression III, 14, 5.
3. Probablement de Tibère : cf. Josèphe, *Ant.*, XVIII, 211 sqq.
4. Domitia, tante de Néron. Cf. XII, 64-5.
5. Par le meurtre d'Appius, son deuxième mari ; cf. 29, 1.
6. Chiasme expressif.
7. Sur ce mépris, cf. II, 12, 3 ; XIII, 26-7 ; XIV, 42-45.
8. Les allitérations soulignent le contraste et renforcent l'effet dramatique. Sur l'ensemble du récit, cf. P. Grimal, *L'amour à Rome*, p. 311-4. A. Michel, *Tacite*, p. 156-7.

ira : tantum inter extrema superbiae *ge*rebat ! Ac, ni caedem eius Narcissus properauisset, uerterat pernicies in accusatorem. 2 Nam Claudius, domum regressus et tempestiuis epulis delenitus, ubi uino incaluit, iri iubet nuntiarique miserae — hoc enim uerbo usum ferunt — dicendam ad causam postera die adesset. Quod ubi auditum et languescere ira, redire amor, ac, si cunctarentur, propinqua nox et uxorii cubiculi memoria timebantur, prorumpit Narcissus denuntiatque centurionibus et tribuno, qui aderat, exsequi caedem : ita imperatorem iubere. Custos et exactor e libertis Euodus datur. 3 Isque, raptim in hortos praegressus, repperit fusam humi, adsidente matre Lepida, quae florenti filiae haud concors, supremis eius necessitatibus ad miserationem euicta erat, suadebatque ne percussorem opperiretur : transisse uitam neque aliud quam morti decus quaerendum. 4 Sed animo per libidines corrupto nihil honestum inerat ; lacrimaeque et questus inriti ducebantur, cum impetu uenientium pulsae fores, adstititque tribunus per silentium, at libertus increpans multis et seruilibus probris.

38. 1 Tunc primum fortunam suam introspexit ferrumque accepit, quod frustra iugulo aut pectori per trepidationem admouens, ictu tribuni transigitur.

1 superbiae gerebat *Bezzenberger* : -ia egebat *M recc.* -ia agebat *L recc.* agebat superbia *rec.* superbiam egebat *rec.* superbiam agebat *rec.* || pernicies *M recc.* : -ciem *L recc.*

2 redire *M recc.* : et r- *L recc.* || exactor *M'L recc.* : exauctor *M* actor *rec.*

abandonné à sa mère[1]. 2 Claude était encore à table, quand on lui annonça que Messaline avait péri, sans préciser si c'était de sa main ou par celle d'un autre. Lui, sans en demander davantage, réclama une coupe et fit honneur au banquet comme d'habitude[2]. 3 De même, les jours suivants, il ne manifesta ni haine ni bonheur ni colère ni tristesse, bref aucun sentiment humain, alors qu'il avait sous les yeux soit les accusateurs en joie, soit ses enfants en larmes. Et ce qui contribua à l'oubli de Messaline fut une décision du sénat, ordonnant que son nom et ses images fussent enlevés de tous les lieux privés et publics[3]. 4 On décerna à Narcisse les insignes de la questure[4], bien faible distinction pour la morgue d'un homme qui surpassait Pallas et Calliste[5], ⟨...⟩ honorables à vrai dire, mais d'où devaient sortir les pires abominations[6].

1. Nouvel effet d'assonances et de brachylogie.
2. Sur cette indifférence, soulignée par le chiasme et l'allitération, cf. 2, 2. Suétone, *Cl.*, 39. Sénèque, *Apoc.*, 11, 1.
3. *Damnatio memoriae.* Cf. II, 32, 1 ; VI, 2, 1 ; XI, 35, 1.
4. Premier échelon de la carrière sénatoriale. Cf. 4, 3 ; XVI, 33, 2. Suétone, *Cl.*, 28.
5. Cf. 29, 1.
6. Le livre se termine par une *sententia* dramatique — dont le texte est corrompu.

Corpus matri concessum. 2 Nuntiatumque Claudio epulanti perisse Messalinam, non distincto sua an aliena manu. Nec ille quaesiuit, poposcitque poculum et solita conuiuio celebrauit. 3 Ne secutis quidem diebus, odii, gaudii, irae, tristitiae, ullius denique humani adfectus signa dedit, non cum laetantes accusatores aspiceret, non cum filios maerentes. Iuuitque obliuionem eius senatus, censendo nomen et effigies priuatis ac publicis locis demouendas. 4 Decreta Narcisso quaestoria insignia, leuissimum fastidio eius, cum super Pallantem et Callistum ageret, ⟨...⟩ honesta quidem, sed ex quis deterrima orerentur [tristitiis multis].

38, 1 concessum *M recc.* : c- est *L recc.*

2 nuntiatumque *M recc.* : n- est *L recc.* || epulanti *M recc.* : *om. L.*

3 ne *M recc.* : nec *L recc.*

4 fastidio *Ernesti* : -dii *ML recc.* fastigii *recc.* fastidiis *Stangl* || super *M* : secundum *L recc.* || *ante* honesta, *lacun. indic. Ernesti* : ob consilia *Fuchs Weiskopf* (*fort. recte*) || quidem *M recc.* : *om. L rec.* || orerentur *M recc.* : orire(n)tur *recc.* sequerentur *L* || tristitiis multis *ML recc. secl. Nipperdey* : flagitiis inultis *recc.* et tristitia multis *Fuchs* (*fort.recte*) tristitiaque multis *Hanslik.*

Post multis, Cornelii taciti liber | undecimus exp. Incip. XII *M.*

LIVRE XII

SOMMAIRE DU LIVRE XII

Le livre XII relate la fin du règne de Claude, pendant les années 48 (**1-4**), 49 (**5-24**), 50 (**25-40**), 51 (**41-51**), 52 (**52-57**), 53 (**58-63**) et 54 (**64-69**).

A) Affaires intérieures :

1-4. Intrigues relatives au nouveau mariage de Claude.

5-7. Choix d'Agrippine. — **8**. Suicide de L. Silanus. Rappel de Sénèque. — **9** Fiançailles de Domitius et d'Octavie.

B) Affaires extérieures :

10-11. A la requête des Parthes, Claude accepte de leur remettre Meherdatès en qualité de roi. — **12-14**. Celui-ci est livré par trahison à son rival Gotarzès — auquel succèdent Vononès, puis Vologèse. — **15-21**. Mithridatès essaie en vain de reconquérir son royaume du Bosphore ; il est capturé et amené à Rome.

C) Affaires intérieures :

22. Exil et mort de Lollia, rivale d'Agrippine. — **23-24**. Agrandissement du pomérium.

25-26. Adoption par Claude de Domitius, devenu Néron, au détriment de Britannicus. — **27**. Fondation de Cologne par Agrippine.

D) Affaires extérieures et provinciales :

27-28. Invasion et défaite des Chattes. — **29-30**. Soulèvement des Suèves contre le roi Vannius. — **31-40**. Troubles en Bretagne : révolte et soumission des Icéniens, des Brigantes et des Silures, dont le roi, Caratacus, est amené à Rome.

E) Affaires intérieures :

41. Néron prend la toge virile avant l'âge et est comblé d'honneurs. Agrippine excite Claude contre Britannicus. — **42**. Afranius Burrus est nommé préfet du prétoire. — **43**. Prodiges sinistres et famine.

F) Affaires extérieures :

44-49. Pharasmanès, roi des Arméniens, aidé de son fils, Radamiste, et de chefs romains, capture par trahison et met à mort son frère, Mithridatès, roi des Hibériens. — **50-51**. L'Arménie est envahie par Vologèse, roi des Parthes, puis par Radamiste, qui doit s'enfuir, après avoir blessé et abandonné sa femme, Zénobie.

G) Affaires intérieures :

52. Exil et mort de Furius Scribonianus. — **53**. Sénatus-consulte contre les femmes coupables de commerce avec des esclaves.

H) Affaires provinciales :

54. Troubles en Judée. — **55**. Révolte des Ciètes en Cilicie.

I) Affaires intérieures :

56-57. Spectacle d'un combat naval sur le lac Fucin.
58. Mariage de Néron et d'Octavie. — **59**. Accusation et suicide de Statilius Taurus. — **60**. Claude accroît les pouvoirs des procurateurs. — **61-63**. Exemption d'impôts pour Cos et pour Byzance.
64-65. Prodiges funestes. Rivalité d'Agrippine et de Lepida, condamnée à mort, malgré l'opposition de Narcisse, qui prend le parti de Britannicus. — **66-67**. Agrippine fait empoisonner Claude. — **68**. Avènement de Néron. — **69**. Funérailles et apothéose de Claude.

LIVRE XII

LIVRE XII

1\. 1 Le meurtre de Messaline bouleversa la maison du prince, en provoquant une rivalité entre les affranchis [1], à qui choisirait une épouse pour Claude, incapable de supporter le célibat et soumis à la domination conjugale [2]. Et les intrigues des femmes n'étaient pas moins ardentes : chacune rivalisait de noblesse, de beauté, de fortune, et faisait valoir ses titres à un tel mariage. 2 Cependant on hésitait surtout entre Lollia Paulina [3], issue du consulaire M. Lollius, et Julia Agrippina [4], née de Germanicus ; celle-ci avait Pallas, l'autre Calliste comme appui ; mais Aelia Paetina, de la famille des Tubérons [5], était recommandée par Narcisse. Le prince penchait tantôt d'un côté, tantôt de l'autre, suivant ce que chacun des conseillers lui avait dit ; devant leur désaccord, il les convoque en conseil [6] et leur enjoint d'exposer leur avis en le motivant.

1\. Présentation sarcastique et imagée ; cf. XI, 28, 1 ; XII 65, 2.

2\. Cf. 64, 2. Suétone, *Cl.*, 26, 2.

3\. Cf. 22 ; XIV, 12, 4. Petite-fille de M. Lollius, consul en 21 av. J.-C. (cf. III, 48, 2), d'après Pline, *H.N.*, IX, 117-8. Il semble désigné ici par l'emploi exceptionnel du génitif seul. Cf. R. Syme, *Tacitus*, p. 748.

4\. La seconde Agrippine. Cf. IV, 75 ; XI, 12, 1.

5\. Cf. XVI, 22, 4. L. Aelius Seius Tubero avait été consul en 18 ; cf. II, 20, 1 ; IV, 29, 1.

6\. Parodie d'un *consilium principis* (cf. XI, 23, 2 ; 31, 1).

LIBER XII

1. 1 Caede Messalinae conuulsa principis domus, orto apud libertos certamine, quis deligeret uxorem Claudio, caelibis uitae intoleranti et coniugum imperiis obnoxio. Nec minore ambitu feminae exarserant : suam quaeque nobilitatem, formam, opes contendere ac digna tanto matrimonio ostentare. 2 Sed maxime ambigebatur inter Lolliam Paulinam, M. Lollii consularis, et Iuliam Agrippinam, Germanico genitam ; huic Pallas, illi Callistus fautores aderant ; at Aelia Paetina, e familia Tuberonum, Narcisso fouebatur. Ipse, huc modo, modo illuc, ut quemque suadentium audierat, promptus, discordantes in consilium uocat ac promere sententiam et adicere rationes iubet.

1, 1 intoleranti *Muret.* : intonanti *ML recc.* insolenti *L'*, *Koestermann* || coniugum *M recc.* : -gium *recc.* -gibus *L recc.* -giis *rec.* || imperiis *V58 recc.* : -ratoris *M recc.* -ratoriis *L recc.* || contendere *L recc.* : -ret *M* -runt *recc.* contem(p)nere *recc.* || digna *M'(?)L recc.* : -am *M recc.* || ostentare *M' L recc.* : -ret *M recc.* -runt *recc.*

2 et *M recc.* : ac *L om. recc.* neptem, et *Ritter Fuchs.*

2. 1 Narcisse alléguait un ancien mariage[1], une fille en commun — car Antonia[2] était née de Paetina — pas d'innovation dans ses pénates au retour d'une épouse déjà connue, qui n'aurait nullement les regards haineux d'une marâtre[3] pour Britannicus et Octavie, très proches de son propre sang. 2 Calliste déclarait qu'elle était indésirable en raison d'un long divorce et que, si on la reprenait, cela même la rendrait orgueilleuse ; qu'il valait beaucoup mieux introduire Lollia, qui, sans enfants et par suite sans jalousie, tiendrait lieu de mère à ses beaux-enfants. 3 Mais Pallas vantait surtout chez Agrippine l'avantage d'amener avec elle un petit-fils de Germanicus[4] : cela siérait bien à la dignité impériale, qui unirait une noble lignée aux descendants de la famille Claudia[5], en évitant qu'une femme d'une fécondité éprouvée et en pleine jeunesse[6] n'allât porter l'éclat des Césars dans une autre maison.

3. 1 Cet avis prévalut, appuyé par les séductions d'Agrippine[7] : prétextant sa parenté pour rendre de fréquentes visites à son oncle[8], elle l'enjôle si bien que, préférée aux autres, sans avoir encore le titre d'épouse, elle exerçait déjà le pouvoir d'une épouse. 2 De fait, une fois sûre de son mariage, elle se met à échafauder des plans plus ambitieux et à combiner les noces de Domitius, qu'elle avait eu de Cn. Ahenobarbus, avec Octavie, fille de César ; ce projet ne pouvait s'accomplir

1. Claude l'avait épousée entre Plautia et Messaline et répudiée *ex leuibus offensis*, d'après Suétone, *Cl.*, 26, 2.
2. Cf. 68, 3 ; XIII, 23, 1 ; XV, 53, 3-4.
3. Cf. Sénèque le Père, *Contr.*, 4, 6 : *nouercalibus oculis... intueri*.
4. L. Domitius, le futur Néron. Cf. IV, 75 ; XI, 11-2 ; XII, 1.
5. La structure, le texte et le sens de la phrase sont très discutés et incertains. Il semblerait possible d'éviter toute correction en rapportant *dignum* à *id quod* et en imputant la place anormale de *quae* à une hardiesse stylistique. Cf. XIII, 17, 2.
6. Elle avait alors environ 33 ans. Cf. 42, 2.
7. De même Suétone, *Cl.*, 26, 3.
8. Claude était le frère de Germanicus ; cf. 5, 1.

2. 1 Narcissus uetus matrimonium, filiam communem — nam Antonia ex Paetina erat —, nihil in penatibus eius nouum disserebat, si sueta coniunx rediret, haudquaquam nouercalibus odiis uisura Britannicum, Octauiam, proxima suis pignora. 2 Callistus improbatam longo discidio ac, si rursum adsumeretur, eo ipso superbam ; longeque rectius Lolliam induci, quando nullos liberos genuisset, uacuam aemulatione et priuignis parentis loco futuram. 3 At Pallas id maxime in Agrippina laudare quod Germanici nepotem secum traheret, dignum prorsus imperatoria fortuna, stirpem nobilem et familiae Claudiae quae posteros coniungeret, ne femina expertae fecunditatis, integra iuuenta, claritudinem Caesarum aliam in domum ferret.

3. 1 Praeualuere haec, adiuta Agrippinae inlecebris : ad eum per speciem necessitudinis crebro uentitando, pellicit patruum, ut praelata ceteris et, nondum uxor, potentia uxoria iam uteretur. 2 Nam, ubi sui matrimonii certa fuit, struere maiora nuptiasque Domitii, quem ex Cn. Ahenobarbo genuerat, et Octauiae, Caesaris filiae,

2, 1 filiam *Muret.* : familiam *codd.* || penatibus *L recc.* : paenalibus *M* penalibus *rec.* || coniunx *M recc.* : coniux *M' recc.* coniunxit *rec.* || odiis *ML recc.* : ho- *rec.* oculis *Andresen* || octauiam *ML recc.* : et o- *recc.*

2 discidio *L' recc.* : dissidio *ML recc.* disidio *rec.*

3 *post* traheret *dist. Freinsheim Koestermann* : *post* fortuna *Jacob Goelzer Jackson Weiskopf* || claudiae quae *codd.* : Iuliae Claudiaeque *Freinsheim* (*fort. recte*) || coniungeret *ML' recc.* : iung- *L* coniungere *Freinsheim* coniungere et *J. Mueller Koestermann* || expertae *L recc.* : -ta *M recc.*

3, 1 ad *M recc.* : quae ad *L recc., Koestermann* || et *codd.* : set *Sörbom* et si *Nipperdey* || iam *M recc.* : *om. L recc.*

sans un crime, car L. Silanus [1] avait été fiancé à Octavie [2] par César, qui, en ajoutant aux titres déjà brillants du jeune homme les ornements du triomphe [3] et la magnificence d'un spectacle de gladiateurs [4], l'avait offert aux sympathies de la foule. Mais rien ne paraissait difficile avec un prince dont l'âme n'avait ni préférence ni haine qui ne lui fût suggérée et prescrite.

4. 1 Ainsi Vitellius [5], couvrant du titre de censeur de serviles roueries et habile à prévoir la montée des puissances, cherche à gagner la faveur d'Agrippine en s'immisçant dans ses projets et en portant des griefs contre Silanus, dont la sœur, la belle et provocante Junia Calvina [6], avait été naguère la bru de Vitellius. 2 Ce fut le fondement de l'accusation : d'un amour fraternel, non incestueux mais imprudent, il fit une infamie [7]. Et César prêtait l'oreille, d'autant plus disposé à accueillir les insinuations contre son gendre qu'il chérissait sa fille. 3 Quant à Silanus, ignorant le complot et exerçant par hasard la préture cette année-là, il est brusquement chassé de l'ordre sénatorial par un édit de Vitellius, bien que le choix des sénateurs eût été fait depuis longtemps et le lustre achevé [8]. En même temps, Claude rompit l'alliance conclue, et Silanus fut contraint de renoncer à sa charge ; il lui restait un seul jour de préture [9], qui fut transféré à Eprius Marcellus [10].

5. 1 Sous le consulat de C. Pompeius [11] et de Q. Veranius, le mariage convenu entre Claude et Agrippine

1. Junius Torquatus, descendant d'Auguste par sa mère.
2. Toute jeune, dès 41 d'après Dion, LX, 5, 7.
3. Cf. XI, 20-1. — Suétone, *Cl.*, 24, 3. Dion, LX, 31, 7.
4. A l'occasion de sa préture, d'après Dion, *ibid.*
5. Cf. VI, 28, 1 ; 32, 4 ; XI, 2-3 ; 33-35.
6. Cf. 8, 1 ; XIV, 12, 3. Sénèque, *Apoc.*, 8, 2 : *festiuissimam.*
7. Allitération expressive.
8. Cf. XI, 23, 1 ; 25, 5.
9. Deux, d'après Suétone, *Cl.*, 29, 2. Cf. *C.I.L.*, XIV, 2500.
10. Titus. Cf. XIII, 33, 3 ; XVI, 22, 6 ; 28-9 ; 33, 2 ; *D.*, 8, 1.
11. Longus Gallus. Sur Veranius, cf. IV, 21, 2. En 49.

moliri ; quod sine scelere perpetrari non poterat, quia L. Silano desponderat Octauiam Caesar iuuenemque, et alia clarum, insigni triumphalium et gladiatorii muneris magnificentia protulerat ad studia uulgi. Sed nihil arduum uidebatur in animo principis, cui non iudicium, non odium erat nisi indita et iussa.

4. 1 Igitur Vitellius, nomine censoris seruiles fallacias obtegens ingruentiumque dominationum prouisor, quo gratiam Agrippinae pararet, consiliis eius implicari, ferre crimina in Silanum, cuius sane decora et procax soror, Iunia Caluina, haud multum ante Vitellii nurus fuerat. 2 Hinc initium accusationis ; fratrumque non incestum, sed incustoditum amorem ad infamiam traxit, Et praebebat Caesar aures, accipiendis aduersus generum suspicionibus caritate filiae promptior. 3 At Silanus, insidiarum nescius ac forte eo anno praetor, repente per edictum Vitellii ordine senatorio mouetur, quamquam lecto pridem senatu lustroque condito. Simul adfinitatem Claudius diremit, adactusque Silanus eiurare magistratum, et reliquus praeturae dies in Eprium Marcellum conlatus est.

5. 1 C. Pompeio, Q. Veranio consulibus, pactum inter Claudium et Agrippinam matrimonium iam fama,

2 poterat *M recc.* : potuerat *L recc.* || alia *recc.* : alias *ML recc.* || insigni *M recc.* : -nia *L recc.* || triumphalium *M recc.* : -lia *L* -liam *rec.*

4, 1 cuius *recc.* : cui *ML recc.* || multum *codd.* : multo *Halm.*

3 magistratum *M' L recc.* : -at *M.*

5, 1 ueranio *L recc.* : -nia *M recc.* -na *recc.* ueratua *rec.*

avait déjà reçu la double confirmation de l'opinion publique et d'un amour illicite ; mais ils n'osaient pas encore célébrer la cérémonie solennelle, à défaut d'un seul précédent autorisant un oncle à épouser [1] la fille de son frère ; on avait même peur de l'inceste et la crainte, en passant outre, de déchaîner un malheur sur l'État [2]. 2 Et l'hésitation ne cessa que le jour où Vitellius prit sur lui d'en finir par un tour de sa façon [3]. Il demanda au prince s'il céderait aux ordres du peuple, à l'autorité du sénat [4] ; quand l'autre eut répondu qu'il était un simple citoyen, incapable de résister à l'accord général, il l'invite à attendre à l'intérieur du Palatium. 3 Lui-même entre dans la curie, et, proclamant que l'intérêt suprême de l'État est en cause, il réclame la permission de parler le premier ; puis il expose [5] que les charges écrasantes du prince dans le gouvernement du monde nécessitent des appuis grâce auxquels il se dispense des soucis domestiques pour veiller au bien commun. Or l'esprit d'un censeur [6] peut-il trouver un soulagement plus honnête qu'en prenant une épouse, qui partage ses succès et ses soucis, à laquelle puisse confier ses pensées intimes ainsi que ses jeunes enfants un prince qui, loin de s'habituer aux dissipations et aux plaisirs, avait dès sa prime jeunesse obéi aux lois [7] ?

6. 1 Après avoir gagné par cet exorde la faveur du sénat, qui se manifestait par de nombreuses marques d'approbation, reprenant son propos, il ajouta que, puisque tous conseillaient le mariage du prince, il fallait choisir une femme distinguée par sa noblesse, ses maternités, sa chasteté. Or il n'était pas besoin de chercher

1. Expression rituelle ; cf. XIV, 63, 3.
2. De même 41, 3.
3. Introduction sarcastique.
4. Termes techniques traditionnels.
5. L'essentiel de ce discours a dû être consigné dans les *acta senatus*. Cf. 9, 2.
6. Mention intentionnelle d'un titre moral. Cf. XI, 23-25.
7. En se mariant ; cf. 2 ; 6. Mais XI, 29. Suétone, *Cl.*, 33, 2.

iam amore inlicito firmabatur; necdum celebrare sollemnia nuptiarum audebant, nullo exemplo deductae in domum patrui fratris filiae; quin et incestum ac, si sperneretur, ne in malum publicum erumperet, metuebatur. 2 Nec ante omissa cunctatio quam Vitellius suis artibus id perpetrandum sumpsit. Percunctatusque Caesarem an iussis populi, an auctoritati senatus cederet, ubi ille unum se ciuium et consensui imparem respondit, opperiri intra Palatium iubet. 3 Ipse curiam ingreditur, summamque rem publicam agi obtestans, ueniam dicendi ante alios exposcit orditurque : grauissimos principis labores, quis orbem terrae capessat, egere adminiculis, ut, domestica cura uacuus, in commune consulat. Quod porro honestius censoriae mentis leuamen quam adsumere coniugem, prosperis dubiisque sociam, cui cogitationes intimas, cui paruos liberos tradat, non luxui aut uoluptatibus adsuefactus, sed qui prima ab iuuenta legibus obtemperauisset ?

6. 1 Postquam haec fauorabili oratione praemisit multaque patrum adsentatio sequebatur, capto rursus initio, quando maritandum principem cuncti suaderent, deligi oportere feminam nobilitate, puerperiis, sanctimonia insignem. Nec diu anquirendum

1 iam... inlicito *M recc.* : iam fama amore i- *recc.* iam amore inlicito iam fama *L recc.* || deductae *M recc.* : -ta *L recc.* || filiae *M'(?) recc.* : -a *ML recc.* || metuebatur *L recc.* : -antur *M.*

2 ciuium et *M recc.* : et ciuium *L.*

3 leuamen quam *L rec.* : l- unquam *M rec.* leuamentum quam *Victorius Petersen* (*cf.* III, 28, 4 ; 34, 2).

6, 1 anquirendum *M* : inq- *L recc.*

longtemps pour trouver qu'Agrippine l'emportait par l'éclat de sa race ; elle avait donné la preuve de sa fécondité, et ses vertus allaient de pair. 2 Mais surtout, fait remarquable, dû à la providence des dieux, veuve [1] elle s'unirait à un prince qui n'avait connu d'autre union que ses mariages. Ils avaient appris de leurs pères, ils avaient vu eux-mêmes l'enlèvement d'épouses selon les caprices des Césars [2] : violence bien éloignée de la modération actuelle. Il fallait plutôt établir un précédent sur la manière dont un empereur devait prendre femme. 3 On objectait qu'il n'y avait chez nous aucun exemple d'oncles épousant leurs nièces ; mais c'était chez d'autres peuples une pratique consacrée [3], et aucune loi ne l'interdisait ; en outre, les unions entre cousins germains [4], longtemps inconnues, s'étaient répandues avec le temps. Les coutumes s'accommodaient à l'intérêt, et la nouveauté d'aujourd'hui passerait demain parmi les usages [5].

7. 1 Il ne manqua pas de sénateurs pour se précipiter à l'envi hors de la curie, en attestant que, si César hésitait, ils emploieraient la force. Une foule confuse s'attroupe et répète à grands cris que le peuple romain forme les mêmes vœux. 2 Alors Claude, sans attendre davantage, se rend au forum et s'offre aux félicitations, puis entre au sénat et demande un décret qui légitime aussi pour l'avenir les noces entre oncles et nièces [6]. Cependant il ne se trouva qu'un seul homme pour désirer contracter un tel mariage, le chevalier romain Alledius Severus [7], que beaucoup disaient poussé par le désir de flatter Agrippine. 3 Dès lors une révolution transforma la cité : tout obéissait à une femme, mais qui ne livrait pas à ses caprices, comme Messaline, les

1. De Cn. Domitius, puis de Crispus Passienus (cf. VI, 20, 1) — qu'elle aurait empoisonné (cf. scholie à Juvénal, IV, 81).
2. Auguste et Caligula : cf. V, 1, 2. Suétone, *Cal.*, 24-5.
3. Hérodote, V, 39, 2, l'attribue aux Spartiates.
4. Sens probable (= *consobrinae*). Cf. Tite-Live, XLII, 34.
5. De même, dans un discours prêté à Claude, XI, 24, 7.
6. Cf. Suétone, *Cl.* 26, 3. Dion, LXVIII, 2, 4. Gaius, I, 62.
7. Un primipile et un affranchi, d'après Suétone, *Cl.*, 26, 3.

quin Agrippina claritudine generis anteiret; datum ab ea fecunditatis experimentum, et congruere artes honestas. 2 Id uero egregium, quod prouisu deum uidua iungeretur principi sua tantum matrimonia experto. Audiuisse a parentibus, uidisse ipsos a*b*ripi coniuges ad libita Caesarum : procul id a praesenti modestia. Statueretur immo documentum, quo uxorem imperator acciperet. 3 At enim noua nobis in fratrum filias coniugia; sed aliis gentibus sollemnia, neque lege ulla prohibita; et sobrinarum diu ignorata tempore addito percrebuisse. Morem accommodari, prout conducat, et fore hoc quoque in iis quae mox usurpentur.

7. 1 Haud defuere qui certatim, si cunctaretur Caesar, ui acturos testificantes, erumperent curia. Conglobatur promisca multitudo populumque Romanum eadem orare clamitat. 2 Nec Claudius ultra exspectato obuius apud forum praebet se gratantibus, senatumque ingressus decretum postulat, quo iustae inter patruos fratrumque filias nuptiae etiam in posterum statuerentur. Nec tamen repertus est nisi unus talis matrimonii cupitor, Alledius Seuerus, eques Romanus, quem plerique Agrippinae gratia impulsum ferebant. 3 Versa ex eo ciuitas, et cuncta feminae oboediebant,

1 quin *M recc.* : quis *L recc.* qui *recc.* quia *rec.* quae *rec.*

2 ipsos *M recc.* : ipsas *L recc.* || abripi *Ritter* : arripi *codd.* || uxorem imperator *M recc.* : i- u- *L recc.* || post imperator, *lacuna M* : a patribus *suppl. Ritter* a re publica *Orelli.*

3 iis *recc.* : his *ML recc.*

7, 1 promisca *M* : -cua *M'L recc.*

2 repertus *M*[m]*L recc.* : recepturus *M* || Alledius *Ritter* : talledius *M recc.* taledius *recc.* telledius *L recc.* T. Alledius *Lips.*

affaires de l'État romain. La bride était serrée, la servitude imposée comme par un homme ; elle avait en public un air sévère et assez souvent hautain, à son foyer des mœurs honnêtes, sauf pour les besoins de sa domination [1]. Une soif insatiable de l'or se couvrait du prétexte de procurer des ressources au pouvoir [2].

8. 1 Le jour des noces, Silanus se donna la mort [3], soit qu'il eût prolongé jusque-là l'espoir de vivre, soit qu'il eût choisi ce jour pour accroître la haine. Sa sœur Calvina fut chassée d'Italie [4]. Claude décida en outre que les cérémonies instituées par les lois du roi Tullus seraient célébrées et des expiations opérées par les pontifes dans le bois sacré de Diane [5], provoquant les risées de tous à l'idée qu'on eût choisi un tel moment pour la punition et la purification d'un inceste. 2 Mais Agrippine, afin de ne pas se signaler seulement par de mauvaises actions, obtient pour Annaeus Sénèque [6] le rappel de l'exil ainsi que la préture, persuadée que cet acte ferait plaisir à tous vu l'éclat de ses travaux, désireuse aussi que l'enfance de Domitius grandisse sous un tel maître et que celui-ci puisse seconder par ses conseils leur espoir de domination, car on croyait Sénèque dévoué à Agrippine en souvenir de son bienfait et hostile à Claude par ressentiment du tort subi.

9. 1 On décida ensuite de ne plus attendre, et, à force de promesses, on engage le consul désigné [7] Mammius Pollio à présenter une motion par laquelle Claude serait prié de fiancer Octavie à Domitius ; leur âge ne s'y opposait pas [8] et cette union ouvrirait la voie à de plus

1. Cf. 25, 1 ; 65, 2. Nombreux effets d'allitération.
2. De même XIII, 18, 2.
3. Cf. Suétone, *Cl.*, 29, 2. Dion, LX, 31, 7.
4. Cf. 4, 1. Elle ne fut rappelée qu'en 59 : XIV, 12, 3.
5. Près d'Aricie. — Cf. III, 26, 4. Tite-Live, I, 26, 12.
6. Le philosophe ; exilé en Corse depuis 41. Cf. XIII-XIV.
7. Comme suffect, en 49.
8. Environ 9 et 11 ans : cf. XI, 11, 2 ; XII, 3, 2 ; 25, 2.

non per lasciuiam, ut Messalina, rebus Romanis inludenti. Adductum et quasi uirile seruitium ; palam seueritas ac saepius superbia, nihil domi impudicum, nisi dominationi expediret. Cupido auri immensa obtentum habebat, quasi subsidium regno pararetur.

8. 1 Die nuptiarum, Silanus mortem sibi consciuit, siue eo usque spem uitae produxerat, seu delecto die augendam ad inuidiam. Caluina, soror eius, Italia pulsa est. Addidit Claudius sacra ex legibus Tulli regis piaculaque apud lucum Dianae per pontifices danda, inridentibus cunctis, quod poenae procurationesque incesti id temporis exquirerentur. 2 At Agrippina, ne malis tantum facinoribus notesceret, ueniam exilii pro Annaeo Seneca, simul praeturam impetrat, laetum in publicum rata ob claritudinem studiorum eius, utque Domitii pueritia tali magistro adolesceret et consiliis eiusdem ad spem dominationis uterentur, quia Seneca fidus in Agrippinam memoria beneficii et infensus Claudio dolore iniuriae credebatur.

9. 1 Placitum dehinc non ultra cunctari, sed designatum consulem, M*a*mmium Pollionem, ingentibus promissis inducunt sententiam expromere, qua oraretur Claudius despondere Octauiam Domitio, quod aetati utriusque non absurdum et maiora patefacturum erat.

3 regno *M recc.* : domi *L.*

8, 2 at *L recc.* : ad *M recc.* || agrippina *L recc.* : -nae *M* || uterentur *M recc.* : -retur *L recc.*

9, 1 Mammium *Andresen* (*cf. C.I.L.*, XI, 6236) : memmium *ML recc.* memium *rec.* mennium *rec.* meuium *rec.* meminium *recc.* || oraretur *M recc.* : (h)ortaretur *L recc.* || non *M recc.* : haud *L, Koestermann.*

grands desseins. 2 Pollio emploie à peu près les mêmes mots que naguère Vitellius[1], dans sa proposition ; Octavie est fiancée, et, ajoutant à ses anciens liens de parenté[2] les titres de promis, puis de gendre, Domitius devient l'égal de Britannicus grâce aux soins de sa mère et à la politique de ceux[3] qui, ayant accusé Messaline, redoutaient une vengeance de son fils.

10. 1 Vers le même temps, les délégués des Parthes, venus, comme je l'ai rappelé[4], pour réclamer Meherdatès, sont admis au sénat et commencent de cette façon l'exposé de leur mission : Ils n'ignoraient pas le traité[5] et ne venaient pas en rebelles contre la famille des Arsacides, mais ils appelaient à eux le fils de Vononès[6], le petit-fils de Phraatès[7], contre la domination de Gotarzès[8], aussi intolérable à la noblesse qu'à la plèbe, lui qui, après avoir fait mettre à mort frères et parents, proches ou éloignés, y ajoutait maintenant les femmes enceintes et les jeunes enfants, despote veule dans la paix, néfaste à la guerre[9], qui cherchait à dissimuler sa lâcheté sous sa cruauté. 2 Une alliance ancienne et officiellement conclue les liait à nous, et nous devions secourir des alliés, qui, égaux en forces[10], nous cédaient par respect. S'ils nous donnaient en otages des fils de rois, c'était afin de pouvoir, quand une oppression intérieure lasserait leur patience, avoir recours au prince et au sénat, pour appeler à eux un roi formé à notre école et meilleur[11].

1. Cf. 5-6.
2. Petit-neveu de Claude, il était devenu son beau-fils.
3. Les affranchis ; cf. XI, 28 sqq.
4. XI, 10, 4 (en 47).
5. Conclu par Auguste, renouvelé par Tibère et Caligula ; cf. II, 1 ; 58 ; XII, 11. Suétone, *Cal.*, 14, 3. Dion, LIX, 27, 3.
6. Cf. II, 1-4 ; 56 ; 58 ; 68 ; VI, 31, 1.
7. Phraatès IV. Cf. II, 1 ; VI, 31, 2 ; XI, 10, 4.
8. De même XI, 10, 4.
9. Effets stylistiques, à la manière de Salluste.
10. De même II, 60, 4 ; XV, 13, 2.
11. Argument plus flatteur que réel : cf. II, 2, 2-4 ; VI, 32, 2.

2 Pollio haud disparibus uerbis ac nuper Vitellius censet ; despondeturque Octauia, ac, super priorem necessitudinem, sponsus iam et gener Domitius aequari Britannico studiis matris, arte eorum quis ob accusatam Messalinam ultio ex filio timebatur.

10. 1 Per idem tempus legati Parthorum, ad expetendum, ut rettuli, Meherdaten missi, senatum ingrediuntur mandataque in hunc modum incipiunt : Non se foederis ignaros nec defectione a familia Arsacidarum uenire, sed filium Vononis, nepotem Phraatis accersere aduersus dominationem Gotarzis, nobilitati plebique iuxta intolerandam. Iam fratres, iam propinquos, iam longius sitos caedibus exhaustos ; adici coniuges grauidas, liberos paruos, dum, socors domi, bellis infaustus, ignauiam saeuitia tegat. 2 Veterem sibi ac publice coeptam nobiscum amicitiam, et subueniendum sociis, uirium aemulis cedentibusque per reuerentiam. Ideo regum * liberos * obsides dari, ut, si domestici imperii taedeat, sit regressus ad principem patresque, quorum moribus adsuefactus rex melior adsisceretur.

2 super *M* : secundum *L recc.* si *recc.* || arte *M recc.* : et arte *L recc., Koestermann* || quis ob *recc.* : qui ob *L rec.* qui sub *M recc.* || ultio *M' recc.* : uitio *M recc.* uictrico *L recc.* uitrico(s) *recc.* intrico *rec.*

10, 1 sed *recc., Lips.* : sed et *ML recc. om. recc.* sed ad *Rhen.* sed ut *Koestermann (?)* sed *cum lacuna Ritter* || accersere *L rec., Puteol.* : accedere *M recc.* accerserent *Koestermann* (?) || gotarzis *M recc.* : gotharzis *recc.* gotharcis *recc.* gotharsis *recc.* gotharris *L rec.* (*cf.* 14, 1-2 ; 4) || intolerandam *L recc.* : -da *M recc.*

2 liberos obsides *Draeger* : o- l- *codd.*

11. 1 Quand ils eurent tenu ces propos et d'autres semblables, César commence son discours par la grandeur de Rome et la déférence des Parthes, et il s'égalait au divin Auguste, en rappelant qu'ils lui avaient demandé un roi [1], mais en omettant le souvenir de Tibère, qui pourtant, lui aussi, leur en avait envoyé [2]. 2 Il ajouta des préceptes — en présence de Meherdatès —, lui conseillant de penser, non en termes de domination et d'esclaves [3], mais en chef à l'égard de citoyens [4], et de s'adonner à la clémence et à la justice, d'autant plus agréables à des barbares qu'elles leur étaient inconnues [5]. 3 Puis, se tournant vers les délégués, il comble d'éloges le nourrisson de Rome, qui avait fait preuve jusqu'ici d'une telle modération ; cependant il fallait supporter le caractère des rois, et l'on ne gagnait rien aux fréquents changements. L'État romain, rassasié de gloire, avait atteint une telle élévation qu'il souhaitait aussi le repos aux nations étrangères [6]. On confia ensuite à C. Cassius [7], qui gouvernait la Syrie, le soin de conduire le jeune homme jusqu'à la rive de l'Euphrate [8].

12. 1 A cette époque, Cassius l'emportait sur tous dans la connaissance des lois [9] ; quant aux talents militaires, ils restent inconnus dans l'inaction de la paix, qui tient à égalité les gens énergiques ou lâches. Toutefois, autant qu'il lui était donné de le faire sans guerre, il veillait à rétablir l'ancienne discipline, imposer l'exercice aux légions, se montrer aussi actif et prévoyant que sous

1. Vononès : cf. II, 1.
2. Phraatès, puis Tiridatès : cf. VI, 31-2.
3. A l'inverse des propos attribués à Galba *H.*, I, 16, 4.
4. Allusion à l'idéal du principat romain.
5. Mépris traditionnel, mais ici sarcastique : cf. 14, 3.
6. Doctrine augustéenne du statu quo à l'Est.
7. Longinus. Consul suffect en 30, gouverneur de Syrie entre Vibius et Ummidius (XI, 10, 1 ; XII, 45, 4), exilé en 65. Cf. XIII, 41, 4 ; 48 ; XIV, 42-3 ; XV, 52, 2 ; XVI, 7 ; 9, 1 ; 22, 5.
8. Comme Vitellius en 35 : cf. VI, 37, 1.
9. Cf. Pline le Jeune, *Ep.*, VII, 24, 8 : *Cassianae scholae princeps et parens. Digeste*, I, 2, 2, 51 ; IV, 8, 19, 2.

11. 1 Vbi haec atque talia dissertauere, incipit orationem Caesar de fastigio Romano Parthorumque obsequiis, seque diuo Augusto adaequabat, petitum ab eo regem referens, omissa Tiberii memoria, quamquam is quoque miserat. 2 Addidit praecepta — etenim aderat Meherdates —, ut non dominationem et seruos, sed rectorem et ciues cogitaret, clementiamque ac iustitiam, quanto ignota barbaris tanto gratiora, capesseret. 3 Hinc uersus ad legatos, extollit laudibus alumnum Vrbis, spectatae ad id modestiae ; ac tamen ferenda regum ingenia, neque usui crebras mutationes. Rem Romanam huc satietate gloriae prouectam ut externis quoque gentibus quietem uelit. Datum posthac C. Cassio, qui Syriae praeerat, deducere iuuenem ripam ad Euphratis.

12. 1 Ea tempestate Cassius ceteros praeminebat peritia legum ; nam militares artes per otium ignotae, industriosque aut ignauos pax in aequo tenet. Ac tamen, quantum sine bello dabatur, reuocare priscum morem, exercitare legiones, cura, prouisu perinde agere

11, 2 cogitaret *L recc.* : conci- *M recc.* || ac *M recc.* : et *L recc.* atque *recc.* || ignota *recc.* : ignata *M rec.* ignara *recc.* ignotiora *L rec.* ignora(n)tiora *recc.* ignorantia *recc.* ingratiora *rec.* || tanto *ML recc.* : tan *M'* || gratiora *L* : toleratiora *M* tol(l)eratiora *recc.* tol(l)erantiora *recc.* laetiora *Orsini.*

3 ac tamen *M recc.* : attamen *L recc.*

12, 1 ceteros *M recc.* : -ris *L recc.* *om. recc.* || praeminebat *M recc.* : praeem- *recc.* praeerat *L recc.* || industriosque *M recc.* : -ososque *rec.* industrios *L recc.* || aut *M recc.* : ac *L recc.* || tenet *M recc.* : tenebat *L recc.*

la menace de l'ennemi[1], jugeant cette attitude digne de ses ancêtres et de la famille Cassia, qui s'était aussi rendue célèbre parmi ces nations[2]. 2 Ainsi, après avoir convoqué ceux qui avaient demandé la venue du roi et placé son camp près de Zeugma[3], d'où le passage du fleuve est le plus facile, quand les notables parthes et le roi d'Arabie[4] Acbarus furent arrivés, il avertit Meherdatès que l'ardeur des barbares, d'abord vive, languit si l'on hésite ou se change en perfidie[5] ; il fallait donc presser l'entreprise. 3 Cet avis fut écarté par la fourberie d'Acbarus, qui, voyant le jeune homme inexpérimenté et prêt à placer la souveraineté dans la dissipation, le retint durant de longs jours dans la ville d'Édessa[6]. Et, malgré l'appel de Carénès[7], qui leur montrait le succès facile s'ils arrivaient rapidement, au lieu d'aller tout droit en Mésopotamie, il fit un détour et gagna l'Arménie[8], alors impraticable parce que l'hiver commençait.

13. 1 Ensuite, après avoir enduré la fatigue de la neige et de la montagne, en approchant des plaines, ils font leur jonction avec les troupes de Carénès et, ayant franchi le Tigre, ils traversent le pays des Adiabènes[9], dont le roi Izatès[10] avait fait ouvertement alliance avec Meherdatès, mais penchait secrètement pour Gotarzès et le servait de meilleure foi. 2 Cependant on prit en

1. De même que Corbulon, XI, 18, 2. Nouveaux effets stylistiques à la manière de Salluste, notamment *Jug.*, 45.

2. C. Cassius avait défendu victorieusement la Syrie contre les Parthes après la défaite de Crassus en 53.

3. Zeugma et Apamée avaient été fondées par Seleucos Nicator et reliées par un pont. Cf. Pline, *H.N.*, V, 86.

4. L'Osroène, dans le N. de la Mésopotamie ; cf. VI, 44, 5.

5. Tiridatès l'avait déjà éprouvé à ses dépens, VI, 43, 1.

6. Capitale de l'Osroène.

7. Satrape de Mésopotamie. Cf. VI, 37, 3 : *praefectus*.

8. Où régnait Mithridatès, allié des Romains : cf. XI, 9-10.

9. Le N. de l'Assyrie. Cf. Pline, *H.N.*, V, 66 ; VI, 41.

10. Cf. Josèphe, *Ant.*, XX, 17 sqq. ; 37 ; 58 sqq.

ac si hostis ingrueret, ita dignum maioribus suis et familia Cassia ratus, per illas quoque gentes celebrata. 2 Igitur, excitis quorum de sententia petitus rex positisque castris apud Zeugma, unde maxime peruius amnis, postquam inlustres Parthi rexque Arabum Acbarus aduenerat, monet Meherdaten barbarorum impetus acres cunctatione languescere aut in perfidiam mutari; ita urgueret coepta. 3 Quod spretum fraude Acbari, qui iuuenem ignarum et summam fortunam in luxu ratum multos per dies attinuit apud oppidum Edessam. Et, uocante Carene promptasque res ostentante, si citi aduenissent, non comminus Mesopotamiam, sed flexu Armeniam petiuit, id temporis importunam, quia hiems occipiebat.

13. 1 Exim, niuibus et montibus fessi, postquam campos propinquabant, copiis Carenis adiunguntur, transmissoque amne Tigri, permeant Adiabenos, quorum rex, Izates, societatem Meherdatis palam induerat, in Gotarzen per occulta et magis fida inclinabat. 2 Sed

1 *post* cassia, *lacuna M* : ratus *suppl. M''* *recc.*, *Weiskopf post* dignum *transf. Koestermann.*

2 excitis *ML recc.* : -tus *recc.* accitis *L' recc.* || petitus *L recc.* : peritus *M recc.* potitus *recc. om. rec.* || acbarus *M recc.* : aeb- *L recc.* acharus *recc.* albarus *rec.* abbarus *rec.* Abgarus *Ryckius* (*cf.* 14, 1).

3 ignarum *ML recc.* : ignaram *recc.* ignauum *L' Madvig* || petiuit *ML recc.* : petunt *recc.*, *Lips.* || hiems *L recc.* : hiemps *M* || occipiebat *M recc.* : occupabat *L recc.*

13, 1 exim *M* : exin *L recc.* et exinde *rec.* || campos *ML recc.* : campis *recc.* || carenis *L recc.* : carr- *M recc.* carrhenis *recc.* careras *recc.* || Izates *Freinsheim* : iuliates *ML recc.* uiliates *recc.* iliates *recc.* (h)yliates *recc.* luliates *rec.* iliaces *rec.*

passant la ville de Ninive[1], très ancienne capitale de l'Assyrie, et [2] une forteresse rendue célèbre par la dernière bataille entre Darius et Alexandre, où la puissance des Perses s'était effondrée. 3 Sur ces entrefaites, Gotarzès, au sommet d'une montagne appelée Sanbulos [3], offrait des vœux aux divinités du lieu, parmi lesquelles prédomine le culte d'Hercule [4], qui, à une époque déterminée, apparaît aux prêtres pendant leur sommeil et leur prescrit de tenir auprès du temple des chevaux équipés pour la chasse. Dès que ces chevaux ont reçu des carquois garnis de flèches, ils se répandent à travers bois et ne reviennent qu'à la nuit avec les carquois vides, à bout de souffle. Par une nouvelle apparition nocturne, le dieu indique les chemins qu'il a parcourus dans les forêts, et l'on y découvre des bêtes, abattues çà et là.

14. 1 Au reste, Gotarzès, dont l'armée n'était pas encore assez nombreuse, utilisait le fleuve Corma [5] comme rempart et, malgré les invectives et les défis qui le provoquaient au combat, il usait de temporisations, changeait de positions et envoyait des corrupteurs acheter la trahison dans les rangs ennemis. Ainsi, Izatès l'Adiabène, et bientôt Acbarus, avec l'armée des Arabes [6] abandonnent les lieux, selon l'inconstance de leur race et aussi parce que, comme l'expérience l'a montré, les barbares aiment mieux demander des rois à Rome que les avoir [7]. 2 Quant à Meherdatès, dépouillé de puissants

1. Sur le Tigre, à 20 km de Mossoul. Fondée dès le IIIe millénaire, devenue capitale au milieu du VIIIe s., prise et en partie détruite par les Babyloniens en 612.

2. L'addition s'impose, mais le nom reste inconnu ; on hésite notamment entre Arbèles et Gaugamèle, où Ammien Marcellin, XXIII, 6, 22, situe l'écrasement de Darius en 331.

3. Aujourd'hui Sunbulah, près de Ghilar.

4. Assimilé probablement au dieu assyrien Nin ou Ninip.

5. Un affluent oriental du Tigre, non identifié.

6. Cf. 12, 2 ; 13, 1. Le texte des manuscrits peut refléter une recherche de variété.

7. De même II, 1, 1.

capta in transitu urbs Ninos, uetustissima sedes Assyriae, ⟨et⟩ castellum insigne fama, quod postremo inter Darium atque Alexandrum proelio Persarum illic opes conciderant. 3 Interea Gotarzes apud montem, cui nomen Sanbulos, uota dis loci suscipiebat, praecipua religione Herculis, qui tempore stato per quietem monet sacerdotes ut templum iuxta equos uenatui adornatos sistant. Equi, ubi pharetras telis onustas accepere, per saltus uagi, nocte demum uacuis pharetris multo cum anhelitu redeunt. Rursum deus, qua siluas pererrauerit, nocturno uisu demonstrat, reperiunturque fusae passim ferae.

14. 1 Ceterum Gotarzes, nondum satis aucto exercitu, flumine Corma pro munimento uti, et, quamquam per insectationes et nuntios ad proelium uocaretur, nectere moras, locos mutare et missis corruptoribus exuendam ad fidem hostes emercari. Ex quis Izates Adiabenus, mox Acbarus Arabum cum exercitu abscedunt, leuitate gentili et quia experimentis cognitum est barbaros malle Roma petere reges quam habere. 2 At Meherdates, ualidis auxiliis nudatus, ceterorum

2 et *add. Lips.* || castellum *M' L recc.* : castello *M* arbela *add. L*[m] || insigne *M recc.* : illustre *L recc.*

3 praecipua *recc.* : -puae *M* -pue *L recc.* || herculis *L recc.* : herculi *M recc.*, *Ritter* || stato *M'* : statuto *ML recc.* || qua *M* : quas *L recc.* quasi *recc.* || fusae passim *M recc.* : p- f- *L recc.* p- *rec.*

14, 1 gotarzes : *cf.* 10, 1 || quamquam *M'* : quam *M* quoniam *L recc.* || adiabenus *codd.* : Adiabeno *J. F. Gronov.* (*fort. recte*) || acbarus *L recc.* : abbarus *M rec.* || arabum *M recc.* : arabum rex *L, Koestermann* || experimentis *om. L* || petere *M'L recc.* : -res *M* || habere *L recc.* : -ret *M recc.*

soutiens, craignant aussi la défection des autres, il prit le seul parti qui lui restait en décidant de s'en remettre à la chance et de courir le risque d'une bataille. Gotarzès ne refusa pas le combat, enhardi par l'affaiblissement de l'ennemi ; la mêlée provoqua un grand carnage et une issue douteuse, jusqu'au moment où Carénès, ayant abattu ceux qui lui faisaient face, se laissa emporter trop loin et fut enveloppé de dos par des troupes fraîches. 3 Alors, ayant perdu tout espoir et s'étant fié aux promesses de Parrax, client de son père, Meherdatès est enchaîné par trahison et livré au vainqueur [1]. Celui-ci, le traitant, non pas en parent ni en Arsacide, mais en étranger et en Romain [2], lui fait couper les oreilles et le laisse vivre, pour témoigner de sa clémence [3] et de notre déshonneur [4]. 4 Ensuite Gotarzès mourut de maladie, et on appela au trône Vononès, alors gouverneur des Mèdes. Ni prospérités ni revers ne l'ont rendu digne de mémoire ; après un règne court et sans gloire, le trône des Parthes passa à son fils Vologèse [5].

15. 1 Cependant Mithridatès [6] du Bosphore [7], ayant perdu le pouvoir, errait, quand il apprit que le général romain Didius [8] était parti avec l'élite de l'armée, ne laissant dans le nouveau royaume que Cotys, dont la jeunesse manquait d'expérience, et un petit nombre de cohortes avec le chevalier romain Julius Aquila [9] ; plein de mépris pour l'un et l'autre, il se met à soulever les peuplades, attirer les transfuges ; enfin, ayant formé une armée,

1. Même rapprochement entre *uinciri* et *uictor* 36, 1.
2. Reprise intentionnelle de 11, 3 : *alumnum Vrbis.*
3. Réplique ironique à 11, 2 : *clementiam... barbaris.*
4. Emprunt à Salluste. Effets de chiasme et de variété.
5. Qui régna de 51 à 78. Cf. 44 ; 50 ; XIII-XIV.
6. Il devait être mentionné, ainsi que son frère Cotys (18, 1), au livre XI. Cf. Pline, *H.N.*, VI, 17. Dion, LX, 8, 2.
7. Cimmérien ; tombé, après la défaite et la mort de Pharnace, sous la dépendance de Rome.
8. Aulus Gallus. Sur sa carrière, cf. 40 ; XIV, 29. Quintilien, VI, 3, 68. *C.I.L.*, III, 7247 ; 12278.
9. Caius. Cf. 21. *C.I.L.*, III, 346 (procurateur) ; 6983.

proditione suspecta, quod unum reliquum, rem in casum dare proelioque experiri statuit. Nec detrectauit pugnam Gotarzes, deminutis hostibus ferox; concursumque magna caede et ambiguo euentu, donec Carene*n*, profligatis obuersis, longius euectum integer a tergo globus circumueniret. 3 Tum, omni spe perdita, Meherdates, promissa Parracis, paterni clientis, secutus, dolo eius uincitur traditurque uictori. Atque ille, non propinquum neque Arsacis de gente, sed alienigenam et Romanum increpans, auribus decisis, uiuere iubet, ostentui clementiae suae et in nos dehonestamento. 4 Dein Gotarzes morbo obiit, accitusque in regnum Vonones, Medos tum praesidens. Nulla huic prospera aut aduersa, quis memoraretur; breui et inglorio imperio perfunctus est, resque Parthorum in filium eius Vologaesen translatae.

15. 1 At Mithridates Bosporanus, amissis opibus, uagus, postquam Didium, ducem Romanum, roburque exercitus abisse cognouerat, relictos in nouo regno Cotyn, iuuenta rudem, et paucas cohortium cum Iulio Aquila, equite Romano, spretis utrisque, concire nationes, inlicere perfugas; postremo, exercitu coacto,

2 gotarzes : *cf.* 10, 1 || obuersis *V58 recc.* : obusis *ML recc.* obuiis *recc., Andresen.*

4 gotarzes : *cf.* 10, 1 || medos *M recc.* : medis *L recc.* || resque *M'L recc.* : rexque *M recc.* || uologaesen *recc.* : -sem *L recc.* -gese *M recc.* -ges *rec.*

15, 1 cotyn *recc.* : cotin *M' recc.* coti *M* cotim *L recc.* cothyn *rec.* cothin *recc.* cothim *rec.* cotum *rec.* || aquila *M recc.* : -lo *recc.* -lia *rec.* -lio *L* quilio *rec.* || perfugas *M recc.* : prof- *rec.* profugos et *L.*

il chasse le roi des Dandarides [1] et s'empare de son royaume. 2 A cette nouvelle et dans la pensée qu'il allait bientôt envahir le Bosphore, Aquila et Cotys, se défiant de leurs propres forces et voyant que Zorsinès [2], roi des Siraques [3], avait repris les hostilités, cherchèrent, eux aussi, des appuis au dehors et envoyèrent une ambassade auprès d'Eunonès [4], qui était à la tête du peuple des Aorses [5]. Et l'alliance ne fut pas difficile [6] à conclure pour des gens qui faisaient valoir la puissance romaine [7] face au rebelle Mithridatès. On convint donc qu'Eunonès livrerait des combats de cavalerie et que les Romains se chargeraient d'assiéger les villes [8].

16. 1 Alors la colonne avance en bon ordre, protégée en tête et en queue par les Aorses, au centre par les cohortes et les troupes du Bosphore, armées à la romaine. Ainsi l'on repoussa l'ennemi et l'on parvint à Soza [9], cité de la Dandarique, qu'on trouva abandonnée par Mithridatès et qu'on jugea bon d'occuper, à cause des dispositions équivoques des habitants, en y laissant une garnison. 2 Marchant ensuite contre les Siraques, on franchit le fleuve Panda, et on investit la ville d'Uspé [10], haut placée et protégée par des remparts et des fossés, mais des remparts qui, étant faits non pas en pierre mais de claies et de branchages avec de la terre au milieu, ne

1. Peuple sarmate, situé entre la mer d'Azov et la mer Caspienne. Cf. Strabon, XI, 2, 11, p. 495. Plutarque, *Luc.*, 16.

2. Inconnu par ailleurs.

3. Peuple voisin du précédent, situé sur les bords du Kouban. Cf. Strabon, XI, 2, 1, p. 492 ; 5, 8, p. 506. Pline, *H.N.*, IV, 83.

4. Inconnu par ailleurs.

5. Peuple voisin des précédents, situé sur le cours inférieur de la Volga.

6. Même tournure IV, 7, 2.

7. Même expression II, 60, 4 ; cf. XIII, 34, 2.

8. De même XI, 9, 1.

9. Seule mention de cette cité.

10. Seule mention du fleuve et de la ville.

regem Dandaridarum exturbat imperioque eius potitur. 2 Quae ubi cognita et iam iamque Bosporum inuasurus habebatur, diffisi propriis uiribus, Aquila et Cotys, quia Zorsines, Siracorum rex, hostilia resumpserat, externas et ipsi gratias quaesiuere, missis legatis ad Eunonen, qui Aorsorum genti praesidebat. Nec fuit in arduo societas potentiam Romanam aduersus rebellem Mithridaten ostentantibus. Igitur pepigere equestribus proeliis ut Eunones certaret, obsidia urbium Romani capesserent.

16. 1 Tunc composito agmine incedunt, cuius frontem et terga Aorsi, media cohortes et Bosporani tutabantur nostris in armis. Sic pulsus hostis, uentumque Sozam, oppidum Dandaricae, quod desertum a Mithridate, ob ambiguos popularium animos obtineri, relicto ibi praesidio, uisum. 2 Exim in Siracos pergunt et, transgressi amnem Pandam, circumueniunt urbem Vspen, editam loco et moenibus ac fossis munitam, nisi quod moenia non saxo sed cratibus et uimentis

2 et *M recc.* : *om. L recc.* || diffisi *L, Pichena* : -sis *M recc.* -sus *recc.* diffusis *recc.* || cotys *rec.* : cotis *ML recc.* cothis *recc.* (*cf.* 15, 1) || siracorum *Lips.* : syracusorum *M recc.* seracosiorum *L* seracusorum *rec.* siragusorum *recc.* siracusarum *rec.* || eunonen *L recc.* : -nem *recc.* -ne *M recc.* || Aorsorum *Lips.* : adorsorum *M recc.* adorscorum *L recc.* adossorum *rec.* adhorscorum *rec.* adroscorum *rec.* (*cf.* 16, 1 ; 19, 1) || praesidebat *L, Rhen.* : praecellebat *M recc.* praesidens opibus praecellebat *Halm* || ut *L recc.* : *om. M recc.*

16, 1 Aorsi *Lips.* : adorsi *M recc.* adorsci *L* (*cf.* 15, 2 ; 19, 1).

2 exim in *M* : exin in *recc.* exin *recc.* exinde *L rec.* || Siracos *Lips.* : seracos *ML recc.* soracos *recc.* soraces *recc.* inseratos *rec.* || cratibus *L recc.* : gr- *M recc.* || et *M recc.* : ac *L recc.* atque *recc.* *om. recc.*

pouvaient tenir contre un assaut ; en outre, nos tours les dominaient et à coups de brandons et de javelines elles jetaient le trouble parmi les assiégés. Si la nuit n'avait séparé les combattants [1], l'attaque eût été commencée et terminée le même jour.

17. 1 Le lendemain, la cité envoya des délégués demander grâce pour les personnes libres, en offrant dix mille esclaves. Cette proposition fut rejetée par les vainqueurs, qui, jugeant cruel de massacrer des gens qui s'étaient rendus, mais difficile de tenir sous bonne garde une telle multitude, préférèrent les abattre selon le droit de la guerre ; et les soldats qui avaient escaladé les murs au moyen d'échelles reçurent le signal du carnage. 2 Le sac d'Uspé jeta l'effroi partout, en montrant qu'il n'y avait rien de sûr, puisque armes, retranchechements, positions semées d'obstacles ou dominantes, fleuves et villes, tout était également forcé [2]. Ainsi Zorsinès, après avoir longtemps examiné s'il devait prendre en considération la situation désespérée de Mithridatès ou le royaume de ses pères, ayant fait prévaloir les intérêts de sa race, donna des otages et se prosterna devant l'image de César [3], à la grande gloire de l'armée romaine, qui, sans effusion de sang et en pleine victoire, était parvenue à trois jours de marche du fleuve Tanaïs [4], de l'aveu général. 3 Mais au retour la fortune changea : quelques-uns des navires — car les troupes revenaient par mer — furent jetés sur les rivages de la Tauride [5] et encerclés par les barbares, qui tuèrent le préfet d'une cohorte et de nombreux soldats auxiliaires.

1. Souvenir d'Ennius, *Ann.*, 167.
2. Enumération pompeuse, renforcée par la variété des liaisons et terminée par un zeugma.
3. Devenue un élément essentiel dans une armée romaine ; cf. XV, 24, 2. Suétone, *Cal.*, 14, 3.
4. Le Don, qui marquait l'extrémité du monde romain ; cf. Horace, *Od.*, III, 10, 1. Tout le récit a un caractère épique.
5. La Chersonèse Taurique (Crimée). Cf. Hérodote, IV, 99, 3.

ac media humo, aduersum inrumpentes inualida erant eductaeque altius turres facibus atque hastis turbabant obsessos. Ac, ni proelium nox diremisset, coepta patrataque expugnatio eundem intra diem foret.

17. 1 Post*er*o misere legatos, ueniam liberis corporibus orantes; seruitii decem milia offerebant. Quod aspernati sunt uictores, quia trucidare deditos saeuum, tantam multitudinem custodia cingere arduum; [ut] belli potius iure caderent; datumque militibus, qui scalis euaserant, signum caedis. 2 Excidio Vspensium metus ceteris iniectus, nihil tutum ratis, cum arma, munimenta, impediti uel eminentes loci amnesque et urbes iuxta perrumperentur. Igitur Zorsines, diu pensitato Mithridatisne rebus extremis an patrio regno consuleret, postquam praeualuit gentilis utilitas, datis obsidibus, apud effigiem Caesaris procubuit, magna gloria exercitus Romani, quem incruentum et uictorem tridui itinere afuisse ab amne Tanai constitit. 3 Sed in regressu dispar fortuna fuit, quia nauium quasdam, — qu*ipp*e mari remeabant — in litora Taurorum delatas, circumuencre barbari, praefecto cohortis et plerisque *aux*iliarium interfectis.

17, 1 postero *ed. Frobenia* : postremo *codd.* || ut *del. Ernesti* : ita *Koestermann (?).*

2 perrumperentur *L recc., Rhen.* : -pentur *M* prorum- *recc.* prorumperent *recc.* prorumperant *rec.*

3 quippe *Halm Nipperdey* : quae *codd.* || auxiliarium *Lips.* : consil- *M recc.* consul- *L recc.* centurionum *Rhen.*

18. 1 Cependant Mithridatès [1], ne trouvant aucun secours dans les armes, délibère sur le choix de l'homme dont il mettrait la pitié à l'épreuve. Son frère Cotys, qui l'avait trahi jadis, puis combattu, lui inspirait des craintes ; parmi les Romains, aucun n'avait sur place assez d'autorité pour qu'on pût attacher du poids à ses promesses [2]. Il se tourne vers Eunonès, exempt de haines personnelles à son égard et fort de l'amitié qu'il venait de nouer avec nous [3]. 2 Ayant donc pris le costume et l'air le plus conformes à sa fortune présente, il entre dans le palais d'Eunonès et, se jetant à ses genoux [4], lui dit : « Le Mithridatès que sur terre et sur mer les Romains cherchent depuis tant d'années, le voici de son plein gré devant toi ; traite à ta guise le descendant du grand Achéménès [5], le seul titre que les ennemis ne m'ont pas ravi. »

19. 1 De son côté Eunonès, profondément ému par la célébrité de l'homme, le retournement de la situation et cette prière sans bassesse [6], relève le suppliant et le loue d'avoir choisi la nation des Aorses et sa propre main droite pour demander son pardon. Aussitôt il envoie à César des délégués et un message en ce sens : 2 Les généraux du peuple romain et les rois des grandes nations avaient d'abord fondé leur amitié sur la similitude de leur rang ; entre lui et Claude il y avait en outre communauté de victoire. 3 Les guerres avaient une fin glorieuse quand le pardon les terminait ; c'est ainsi qu'à Zorsinès vaincu on n'avait rien enlevé. Pour Mithridatès, qui avait des torts plus graves, il ne deman-

1. Résumé semblable chez un historien byzantin (cf. Dion, LX, 32, 4 a), qui le confond avec l'Hibérien homonyme (XI, 8-9).
2. Julius Aquila n'exerçait qu'une milice équestre : cf. 15, 1.
3. Cf. 15, 2.
4. Même expression XI, 30, 1.
5. Fondateur de la dynastie perse, ancêtre de Cyrus, dont Mithridate prétendait déjà descendre : cf. Hérodote, I, 125, 5 ; VII, 11, 3. Justin, XXXVIII, 7, 1. Horace, *Od.*, II, 12, 21.
6. Même expression 36, 3.

18. 1 Interea Mithridates, nullo in armis subsidio, consultat cuius misericordiam experiretur. Frater Cotys, proditor olim, deinde hostis, metuebatur ; Romanorum nemo id auctoritatis aderat ut promissa eius magni penderentur. Ad Eunonen conuertit, propriis odiis non infensum et recens coniuncta nobiscum amicitia ualidum. 2 Igitur, cultu uultuque quam maxime ad praesentem fortunam comparato, regiam ingreditur, genibusque eius prouolutus, « Mithridates, inquit, terra marique Romanis per tot annos quaesitus, sponte adsum ; utere ut uoles prole magni Achaemenis, quod mihi solum hostes non abstulerunt. »

19. 1 At Eunones, claritudine uiri, mutatione rerum et prece haud degeneri permotus, adleuat supplicem laudatque quod gentem Aorsorum, quod suam dextram petendae ueniae delegerit. Simul legatos litterasque ad Caesarem in hunc modum mittit : 2 Populi Romani imperatoribus, magnarum nationum regibus primam ex similitudine fortunae amicitiam ; sibi et Claudio etiam communionem uictoriae esse. Bellorum egregios fines quotiens ignoscendo transigatur ; sic Zorsini uicto nihil ereptum. Pro Mithridate, quando grauius

18, 1 non infensum *L* : i- *M recc.* inoffensum *Jac. Gronov.*
2 quam maxime ad praesentem fortunam *M recc., Weiskopf* : a- p- f- q- m- *L, Koestermann* || regiam ingreditur *M recc.* : regem aggreditur *L recc.*

19, 1 Aorsorum *Lips.* : adors- *recc.* aduors- M^m *recc.* adoss- *M* aduers- *recc.* adorscorum *L* (*cf.* 15, 2 : 16, 1) || petendae *M recc.* : exin(de) p- *recc.* exemplum p- *L.*
2 magnarum *M recc.* : magnarumque *L recc.* || nationum *M recc.* : gentium *L* || primam *M recc.* : prima *recc. om. L* praecipuam *Fuchs.*

dait ni puissance ni royaume, mais la faveur de n'être pas mené en triomphe ni frappé de la peine capitale[1].

20. 1 Mais Claude, malgré son indulgence pour les noblesses étrangères[2], se demanda toutefois s'il valait mieux accueillir le prisonnier en lui garantissant la vie sauve ou le réclamer par les armes. Si le ressentiment des injures et le plaisir de la vengeance le poussaient à ce dernier parti, on lui exposait[3], d'autre part, les risques d'une guerre menée dans un pays sans routes, sur une mer sans ports ; en outre, des rois farouches, des peuples errants, un sol improductif, les ennuis de la lenteur, les dangers de la précipitation, une gloire modeste pour des vainqueurs et beaucoup de honte en cas d'échec[4]. Que ne saisissait-il ce qu'on lui offrait et ne conservait-il en exil un homme sans ressources, dont la vie prolongée accroîtrait le supplice ? 2 Ébranlé par ces raisons, il écrivit à Eunonès que Mithridatès avait certes mérité les dernières rigueurs[5] et que lui-même avait assez de puissance pour faire un exemple ; mais les ancêtres avaient eu pour principe de montrer autant de bienveillance à l'égard des suppliants que d'acharnement contre un ennemi[6] ; quant aux triomphes, on ne les gagnait que sur des peuples et des royaumes en pleine force.

21. Livré alors et conduit à Rome par Junius Cilo[7], procurateur du Pont, Mithridatès montra, disait-on, une fierté au-dessus de sa fortune dans un entretien

1. Tournure poétique.
2. Même emploi de l'abstrait pour le concret IV, 9, 2.
3. Au *consilium principis*. Les arguments sont empruntés à Salluste, *H.*, III, 66. Cf. 63. R. Syme, *Tacitus*, p. 354 ; 730. E. Koestermann, *Komm.*, p. 140.
4. Phrase nominale, émaillée d'effets stylistiques.
5. Même expression XV, 44, 5.
6. Cf. Virgile, *En.*, VI, 853.
7. Mentionné correctement par Dion, LX, 33, 5, qui le dit à tort gouverneur de Bithynie, province sénatoriale.

mereretur, non potentiam neque regnum precari, sed ne triumpharetur neue poenas capite expenderet.

20. 1 At Claudius, quamquam nobilitatibus externis mitis, dubitauit tamen excipere captiuum pacto salutis an repetere armis rectius foret. Hinc dolor iniuriarum et libido uindictae adigebat; sed disserebatur contra suscipi bellum auio itinere, importuoso mari; ad hoc reges feroces, uagos populos, solum frugum egenum, taedium ex mora, pericula ex properantia, modicam uictoribus laudem ac multum infamiae si pellerentur. Quin adriperet oblata et seruaret exulem, cui inopi quanto longiorem uitam, tanto plus supplicii fore ? 2 His permotus, scripsit Eunoni meritum quidem nouissima exempla Mithridaten, nec sibi uim ad exsequendum deesse; uerum ita maioribus placitum, quanta peruicacia in hostem, tanta beneficentia aduersus supplices utendum; nam triumphos de populis regnisque integris adquiri.

21. Traditus posthac Mithridates uectusque Romam per Iunium Cilonem, procuratorem Ponti, ferocius

20, 1 excipere *L recc.* : acc- *M recc.* (*fort. recte*) || hinc *M L recc.* : hic *recc.* huc *Lips.* || libido uindictae *M recc., Weiskopf* : u- l- *L, Koestermann* dolor u- *recc.* || adigebat *M recc.* : adiacebat *L recc.* adiacebant *recc.* || importuoso *M recc.* : -soque *L recc.* impetuoso *recc.* in portu usu *recc.* || egenum *L* : egentum *M recc.* egens tum *M' recc.* egentium *recc.* egentem *recc.* egentes *rec.* egens tot *rec.* || cui *V58, Puteol. Weiskopf*: quin *M recc.* quoniam *L, Koestermann.*

2 uim ad ex(s)equendum *M recc., Weiskopf* : a- e- u- *L recc., Koestermann* || hostem tanta *L, Muret.* : hoc temptata *M recc.* hoc tentata *recc.*

21 romam *L recc.* : roma *M* || Cilonem *Lips.* : col- *ML recc.* colorem *recc.*

avec Claude, et ses propos furent divulgués en ces termes : « Je n'ai pas été renvoyé vers toi, j'y suis revenu ; si tu ne le crois pas, laisse-moi aller et pars à ma recherche. » Son visage aussi demeura intrépide, lorsque, placé près des rostres et entouré de gardes, il fut offert à la vue du peuple [1]. Les insignes du consulat sont décernés à Cilo, ceux de la préture à Aquila [2].

22. 1 Sous les mêmes consuls, Agrippine, implacable dans la haine et pleine d'animosité contre Lollia [3], parce que celle-ci lui avait disputé l'union avec le prince, suscite contre elle des griefs et un accusateur [4], qui lui reprocherait d'avoir consulté des Chaldéens [5], des mages [6], et interrogé la statue d'Apollon de Claros [7] sur le mariage de l'empereur. 2 Là-dessus Claude, sans avoir entendu l'inculpée, prononça un discours au sénat, dans lequel, après un long exorde sur l'illustration de cette femme, fille d'une sœur de L. Volusius [8], petite-nièce par son père de Cotta Messalinus, jadis mariée à Memmius Regulus [9] — quant à son union avec C. César, il la passait à dessein sous silence —, il ajouta qu'elle tramait des projets funestes pour l'État et qu'il fallait enlever toute occasion au crime ; elle devait donc subir la confiscation de ses biens et quitter l'Italie. En conséquence, de son immense fortune on ne lui laissa, dans l'exil, que cinq millions de sesterces. 3 A son tour, Calpurnia [10], une femme de haut rang, est abattue, parce que sa beauté avait attiré les louanges du prince, sans la moindre passion, mais au hasard d'un entretien ; aussi la colère d'Agrippine

1. Caratacus se conduit de même 36-7.
2. Cf. XI, 4, 3 ; 38, 4 ; XII, 53, 2. Suétone, *Cl.*, 24, 1.
3. Paulina. Cf. 1-2 ; XIV, 12, 4. Dion, LX, 32, 4.
4. Même expression XI, 12, 1.
5. Des astrologues. Cf. II, 27, 2 ; III, 22, 1 ; XII, 52, 1 ; 68, 3.
6. Cf. II, 27, 2 ; XI, 15, 1 ; XII, 59, 1 ; XVI, 8, 2 ; 31, 1.
7. Cf. II, 54, 2. La correction *oraculum* ne s'impose pas.
8. Cf. XIII, 30, 2 ; XIV, 56, 1. Sur Cotta, II, 32, 1 ; IV, 20, 4.
9. Cf. V, 11, 1 ; XIV, 47, 1. Elle lui fut enlevée par Caligula.
10. Exilée, elle fut rappelée à la mort d'Agrippine : cf. XIV, 12, 3. D'après Dion, LX, 33, 2 b, elle aurait péri.

quam pro fortuna disseruisse apud Caesarem ferebatur, elataque uox eius in uulgum hisce uerbis : « Non sum remissus ad te, sed reuersus ; uel si non credis, dimitte et quaere. » Vultu quoque interrito permansit, cum rostra iuxta, custodibus circumdatus, uisui populo praeberetur. Consularia insignia *Ci*loni, Aquilae praetoria decernuntur.

22. 1 Isdem consulibus, atrox odii Agrippina ac Lolliae infensa, quod secum de matrimonio principis certauisset, molitur crimina et accusatorem, qui obiceret Chaldaeos, magos interrogatumque Apollinis Clari, simulacrum super nuptiis imperatoris. 2 Exim Claudius inaudita rea, multa de claritudine eius apud senatum praefatus, sorore L. Volusii genitam, maiorem ei patruum Cottam Messalinum esse, Memmio quondam Regulo nuptam — nam de C. Caesaris nuptiis consulto reticebat —, addidit perniciosa in rem publicam consilia, et materiem sceleri detrahendam ; proin, publicatis bonis, cederet Italia. Ita quinquagies sestertium ex opibus immensis exuli relictum. 3 Et Calpurnia, inlustris femina, peruertitur, quia formam eius laudauerat princeps, nulla libidine, sed fortuito sermone ; unde

21 Ciloni *Lips.* : col- *ML recc.* colini *rec.* || aquilae praetoria *M recc.* : p- a- *L* a quibus p- *recc.*

22, 1 simulacrum *codd.* : oraculum *Andresen Koestermann.*

2 exim *M* : exin *L recc.* || l. *M recc.* : lucii *recc.* lollii *L recc.* lucia *rec.* || genitam *L recc.* : -ta *M recc.* || sceleri *M' V58 recc.* : celeri *M rec.* celeriter *L recc.*

n'alla-t-elle pas aux dernières violences. Quant à Lollia, on lui envoie un tribun, pour la contraindre à la mort. On condamne aussi, en vertu de la loi sur la concussion, Cadius Rufus [1], accusé par les Bithyniens.

23. 1 La Gaule Narbonnaise, qui s'était signalée par sa déférence à l'égard du sénat, reçut le droit pour les sénateurs de cette province de ne pas avoir à solliciter l'avis du prince — selon un privilège attribué à la Sicile — pour aller visiter leurs biens. Les Ituréens [2] et les Juifs, après la mort de leurs rois Sohaemus et Agrippa [3], furent annexés à la province de Syrie. L'augure du salut [4] était abandonné depuis vingt-cinq ans ; on décida de le reprendre et de le continuer par la suite. 2 Quant au pomérium de la Ville [5], Claude l'agrandit, selon l'usage antique d'après lequel ceux qui ont étendu les limites de l'empire ont le droit de reculer aussi l'enceinte de la Ville ; cependant aucun des chefs romains, malgré la soumission de grandes nations, n'en avait usé, sauf L. Sylla [6] et le divin Auguste [7].

24. 1 Pour les rois, quelle fut à cet égard leur vanité ou leur gloire, les traditions varient. Mais connaître le point de départ de la fondation et le tracé du pomérium établi par Romulus ne me semble pas hors de propos. Donc, le marché aux bœufs [8], où nous voyons aujourd'hui la représentation en bronze d'un taureau [9], parce que les animaux de cette race sont attelés à la charrue, marqua

1. Caius. Proconsul de Bithynie ; gracié en 69 : cf. *H.*, I, 77.
2. Peuple arabe, situé à l'E. du Jourdain.
3. Cf. Dion, LIX, 12, 2. — Josèphe, *Ant.*, XIX, 350-1 (en 44).
4. Rituel tendant à obtenir le maintien de la paix pour le salut de l'État. Cf. Cicéron, *De Diu.*, I, 105. Suétone, *Aug.*, 31, 4. Dion, XXXVII, 24 ; LI, 20 (en 63 et 29 av. J.-C.).
5. L'enceinte religieuse. Il y inclut l'Aventin et le Pincio : cf. Aulu-Gelle, XIII, 14, 7. *C.I.L.*, VI, 1231 ; 31537. M. Labrousse, *Mél. Ec. Fr. Rome*, 54, 1937, p. 165-199.
6. Cf. Sénèque, *De Br. V.*, 13, 8.
7. De même Dion, LV, 6, 6 ; mais cela paraît inexact.
8. Situé entre le Tibre et le *Circus Maximus*.
9. Cf. Ovide, *F.*, VI, 478. Pline, *H.N.*, XXXIV, 10.

ira Agrippinae citra ultima stetit. In Lolliam mittitur tribunus, a quo ad mortem adigeretur. Damnatus et lege repetundarum Cadius Rufus, accusantibus Bithynis.

23. 1 Galliae Narbonensi ob egregiam in patres reuerentiam datum ut senatoribus eius prouinciae non exquisita principis sententia — iure quo Sicilia haberetur — res suas inuisere liceret. Ituraeique et Iudaei, defunctis regibus Sohaemo atque Agrippa, prouinciae Syriae additi. Salutis augurium, quinque et uiginti annis omissum, repeti ac deinde continuari placitum. 2 Et pomerium Vrbis auxit Caesar, more prisco, quo iis qui protulere imperium etiam terminos Vrbis propagare datur. Nec tamen duces Romani, quamquam magnis nationibus subactis, usurpauerant, nisi L. Sulla et diuus Augustus.

24. 1 Regum in eo ambitio uel gloria uarie uulgata. Sed initium condendi et quod pomerium Romulus posuerit, noscere haud absurdum reor. Igitur a foro boario, ubi aereum tauri simulacrum aspicimus, quia id genus animalium aratro subditur, sulcus designandi

3 ira *M'* : ire *M(?)* et *L* ex *recc.* uis *recc.* ius *rec.* || citra ultima *M recc.* : u- c- *recc.* circa u- *recc.* circa multa *rec.* u- cura *L recc.* ultione citra *rec.* citra *rec.* || et *M recc.* : ex *L recc.* || cadius *M recc.* : caudius *rec.* caelius *L* cassius *rec.* claudius *recc.*

23, 1 ituraeique *M recc.* : iturei *L recc.* itureis *recc.* itureisque *rec.* iter eique *recc.* item eisque *rec.* || sohaemo *ML recc.* : -ma *recc.* soemo *recc.* su(h)emo *recc.* senio *rec.* sophenio *rec.* || uiginti *codd.* : septuaginta *Ritter* || omissum *M recc., Weiskopf* : omm- *rec.* obm- *recc.* intermissum *L, Koestermann.*

2 nationibus subactis *M recc.* : s- n- *L.*

24, 1 boario *L recc.* : -ia *recc.* roario *M.*

le début du sillon destiné à délimiter la cité [1], de manière à embrasser le grand autel d'Hercule [2] ; à partir de là, des pierres furent posées à intervalles déterminés, en suivant le pied du mont Palatin jusqu'à l'autel de Consus [3], puis jusqu'aux anciennes curies [4], ensuite jusqu'à la chapelle de Larunda [5]. 2 Le forum romain et le Capitole passent pour avoir été annexés à la Ville, non pas par Romulus, mais par Titus Tatius [6]. Ensuite, selon la fortune de Rome s'est agrandi le pomérium. Quant aux limites fixées alors par Claude, elles sont faciles à connaître et ont été consignées dans les actes officiels.

25. 1 Sous le consulat de C. Antistius et de M. Suillius [7], l'adoption en faveur de Domitius est hâtée par le crédit de Pallas, qui, attaché à Agrippine comme négociateur de son mariage, puis lié à elle par un commerce coupable [8], pressait Claude de veiller aux intérêts de l'État, en donnant à l'enfance de Britannicus un ferme appui. Ainsi le divin Auguste, malgré le soutien de ses petits-fils, avait mis en honneur ses beaux-fils ; Tibère, outre sa propre descendance, s'était adjoint Germanicus [9] ; il devait, lui aussi, se pourvoir d'un jeune homme, qui assumerait une partie de ses soucis. 2 Vaincu par ces raisons, il place Domitius, de trois ans plus âgé [10], au-dessus de son fils, en prononçant au sénat un discours dans les propres termes qu'il tenait d'un affranchi. Les gens

1. Selon un rite étrusque : cf. Varron, *De L. L.*, V, 143.
2. Au S.-O. du Palatin. Cf. XV, 41, 1. J. Bayet, *Les origines de l'Hercule romain*, 1926.
3. Au S.-E. Autel souterrain d'un dieu agraire. Cf. Tite-Live, I, 9, 6. Denys, II, 31. Ovide, *F.* III, 199.
4. Au N.-E. Cf. Varron, *De L. L.*, V, 155. Ovide, *F.*, III, 140.
5. Mère des Lares. Cf. Varron, *De L.L.*, V, 74. L'emplacement est inconnu — et le texte incertain : on écrit souvent *Larum*, en se référant soit à Ovide, *F.*, V, 129, soit à *Mon. Anc.*, IV, 7.
6. Pour marquer l'union des Sabins avec les Latins.
7. Vetus et Nerullinus (cf. XI, 2, 2 ; XIII, 43, 5). En 50.
8. Cf. 2-3 ; 65, 2.
9. Cf. I, 3, 5.
10. Il était né le 15 décembre 37. Britannicus le 12 ou le 13 février 41 ; la correction s'impose. Cf. XI, 11 ; XII, 9 ; 41 ; 58.

oppidi coeptus, ut magnam Herculis aram amplecteretur; inde certis spatiis interiecti lapides per ima montis Palatini ad aram Consi, mox curias ueteres, tum ad sacellum Laru*nda*e. 2 Forumque Romanum et Capitolium non a Romulo, sed a Tito Tatio additum Vrbi credidere. Mox pro fortuna pomerium auctum. Et quos tum Claudius terminos posuerit, facile cognitu et publicis actis perscriptum.

25. 1 C. Antistio, M. Suillio consulibus, adoptio in Domitium auctoritate Pallantis festinatur, qui, obstrictus Agrippinae ut conciliator nuptiarum et mox stupro eius inligatus, stimulabat Claudium consuleret rei publicae, Britannici pueritiam robore circumdaret. Sic apud diuum Augustum, quamquam nepotibus subnixum, uiguisse priuignos; a Tiberio, super propriam stirpem, Germanicum adsumptum; se quoque accingeret iuuene, partem curarum capessituro. 2 His euictus, *tr*iennio maiorem natu Domitium filio anteponit, habita apud senatum oratione in eundem quem a liberto acceperat modum. Adnotabant periti nullam antehac adoptio-

1 palatini *recc.* : -tii *ML recc.* || consi *recc.* : -li *ML'* -iti *L recc.* || mox *M recc.* : mox ad *L recc.* mox in *recc.* || Larundae. Forumque *Orelli Weiskopf* : larum def- *M* larum f- *M'L'*larem f- *L recc.* Larum. Forumque *Koestermann* (*fort. recte*).

2 urbi *M recc.* : ubi *recc.* uti *L* || auctum *L recc.* : actum *M recc.* || tum *M recc.* : tunc *L* cum *recc.* || cognitu *L recc.* : -tum *M recc.* *om. recc.*

25, 1 m. suillio *M recc.* : m. suillo *recc.* l. m. suillio *recc.* l. m. suillo *L rec.* l. marcio suillio *recc.* || adoptio *L recc.*, *Puteol.* : optio *M recc.* || pueritiam robore *M' recc.* : p- robor *M* pueritiae robur *L* r- p- *rec.* robur p- *recc.* || iuuene *recc.* : -nem *ML recc.* || capessituro *M recc.* : -rum *L recc.*

2 triennio *Freinsheim* : biennio *codd.* || in *L recc.* : *om. M. recc.*

avisés remarquaient que jusque-là on ne trouvait aucune adoption dans la branche patricienne des Claudii[1] et que, depuis Attus Clausus[2], elle s'était perpétuée sans interruption.

26. 1 Cependant on adressa au prince des actions de grâces, en réservant à Domitius une adulation plus raffinée[3] ; et une loi fut votée[4] pour le faire passer dans la famille claudienne avec le nom de Néron[5]. Agrippine pour sa part reçoit le surnom d'Augusta[6]. 2 Ces actes accomplis, il n'y eut personne assez dénué de compassion pour que le sort de Britannicus ne l'affligeât pas profondément[7]. Délaissé peu à peu même par les esclaves qui le servaient[8], il tournait en dérision les soins particulièrement importuns de sa marâtre, dont il comprenait l'hypocrisie : car on rapporte que son esprit ne manquait pas de vivacité, soit que ce fût vrai, soit que l'épreuve des périls lui ait valu une réputation qu'il n'a pu justifier.

27. 1 Quant à Agrippine, voulant étaler sa puissance aux yeux mêmes des peuples alliés, elle obtient qu'on envoie dans la ville des Ubiens[9], où elle était née, des vétérans et une colonie[10], à laquelle on donna un titre dérivé de son propre nom[11]. Et par une rencontre du hasard, quand cette peuplade franchit le Rhin, c'est son aïeul Agrippa qui l'avait reçue dans notre alliance[12].

1. Suétone, *Cl.*, 39, 2, attribue la remarque à l'empereur. Étaient plébéiens les Claudii Marcelli.
2. L'ancêtre sabin de la *gens* ; cf. IV, 9, 2 ; XI, 24, 1.
3. En souvenir de Germanicus ; cf. XI, 12, 1.
4. Une *lex curiata*, fixant l'*adrogatio*, le 25 février 50. Cf. Suétone, *Nér.*, 7, 1. *C.I.L.*, VI, 2041.
5. Nero Claudius Drusus Germanicus Caesar.
6. Pour la première fois du vivant de l'empereur : cf. Dion, LX, 33, 2 a. Livie l'avait reçu par testament d'Auguste : cf. I, 8, 1.
7. De même XIII, 15, 2.
8. Cf. 41, 2 ; 69, 1.
9. Cologne. Cf. I, 36, 1.
10. Les deux mots forment un hendiadyn.
11. *Colonia Claudia Augusta Ara Agrippinensis.*
12. Vers 37 av. J.-C. Cf. *G.*, 28, 4. Strabon, IV, 3, 4, p. 194.

nem inter patricios Claudios reperiri eosque ab Atto Clauso continuos durauisse.

26. 1 Ceterum actae principi grates, quaes*it*iore in Domitium adulatione ; rogataque lex, qua in familiam Claudiam et nomen Neronis transiret. Augetur et Agrippina cognomento Augustae. 2 Quibus patratis, nemo adeo expers misericordiae fuit, quem non Britannici fortun*a* maeror*e* adficeret. Desolatus paulatim etiam seruilibus ministeriis, perintempestiua nouercae officia in ludibria uertebat, intelligens falsi : neque enim segnem ei fuisse indolem ferunt, siue uerum, seu periculis commendatus retinuit famam sine experimento.

27. 1 Sed Agrippina, quo uim suam sociis quoque nationibus ostentaret, in oppidum Vbiorum, in quo genita erat, ueteranos coloniamque deduci impetrat, cui nomen inditum e uocabulo ipsius. Ac forte acciderat ut eam gentem, Rhen*um* transgressam, auus Agrippa in fidem acciperet.

2 atto *M recc.* : appio *L recc.* accio *recc.* || clauso *M recc.* : claudio *L recc.*

26, 1 quaesitiore *Pichena* (*cf.* III, 57, 1) : quaestiore *M recc.* quaesita et *L recc.* quaestione *rec.* exquisitiore *recc.* quaestore *recc.* || augustae *ML'* : -ta *M'L recc.*

2 fortuna maerore *Ernesti* : fortunae maeror *ML recc., Nipperdey Weiskopf* (*fort.recte*) maeror fortunae *rec.* || adficeret *ML* : affigeret *M* acciperet *recc.* || perintempestiua *ML recc., Fisher* : in- *rec.* puer intempestiua *Roth Sirker* || ludibria *ML recc., Sörbom* : ludibrium *Nipperdey.*

27, 1 inditum... ipsius *M recc., Weiskopf* : e(x) uocabulo ipsius inditum *L recc., Koestermann* || e *ML recc.* : ex *recc.* || Rhenum *Sirker* : -no *codd.* || transgressam *recc.* : -essa *ML recc.* || auus *M recc.* : auus eius *L.*

2 A la même époque, la Germanie supérieure fut perturbée par une irruption des Chattes [1], qui se livraient au pillage. Alors le légat P. Pomponius [2] envoie contre eux les auxiliaires vangions et némètes [3], en y ajoutant une aile de cavalerie, avec ordre de devancer les déprédateurs ou d'encercler à l'improviste leurs bandes éparses [4]. 3 L'habileté du chef fut secondée par l'ardeur des soldats : ils se divisèrent en deux colonnes, dont l'une, partie sur la gauche, rencontra les barbares peu après leur retour, ayant gaspillé le butin en orgies et plongés dans le sommeil [5] ; elle les enveloppa, et la joie fut accrue par la délivrance de quelques rescapés du désastre de Varus [6], arrachés, après quarante ans, à la servitude.

28. 1 Quant à ceux qui avaient passé à droite, par des chemins plus directs, se heurtant à un ennemi qui osait combattre, ils font un plus grand carnage, et, chargés de butin et de gloire, ils reviennent au mont Taunus [7], où Pomponius attendait avec les légions, pour le cas où les Chattes, désireux de se venger, fourniraient l'occasion d'une bataille. 2 Eux, craignant d'être encerclés, d'un côté par les Romains, de l'autre par les Chérusques [8], avec lesquels ils ont d'éternelles discordes, envoyèrent des ambassadeurs dans la Ville, ainsi que des otages ; et on décréta pour Pomponius les honneurs du triomphe [9], modeste part de son renom auprès de la postérité, dans laquelle il brille par la gloire de ses poèmes [10].

1. Situés entre le Rhin et la Weser. Cf. I, 55-6 ; XI, 16, 1.
2. Secundus. Consul en 44. Cf. V, 8 ; XI, 13, 1.
3. Originaires de la région, autour de Worms et de Spire.
4. L'exécution de l'ordre est relatée en forme de chiasme.
5. De même I, 50, 4.
6. En 9. Cf. I, 61.
7. Au N.-E. de Mayence. Cf. I, 56, 1.
8. Situés à l'E. de la Weser. Cf. I, 56, 5 ; XI, 16-7 ; *G.*, 36.
9. Expression rare et emphatique ; cf. XI, 20-1 ; XII, 3 ; 28.
10. Éloge exceptionnel. Cf. *D.*, 13. Pline, *H.N.*, VII, 80 ; XIV, 56. Quintilien, X, 1, 98.

2 Isdem temporibus in superiore Germania trepidatum aduentu *Chatt*orum, latrocinia agitantium. Dein *P.* Pomponius, legatus, auxiliares Vangionas ac Nemetas, addito equite alario, ⟨mittit⟩, monitos ut anteirent populatores uel dilapsis improuisi circumfunderentur. 3 Et secuta consilium ducis industria militum ; diuisique in duo agmina, qui laeuum iter petiuerant recens reuersos praedaque per luxum usos et somno graues circumuenere, aucta laetitia quod quosdam e clade Variana quadragensimum post annum seruitio exemerant.

28. 1 At qui dextris et propioribus compendiis ierant obuio hosti et aciem auso plus cladis faciunt, et, praeda famaque onusti, ad montem Taunum reuertuntur, ubi Pomponius cum legionibus opperiebatur, si *Chatt*i cupidine ulciscendi casum pugnae praeberent. 2 Illi, metu ne hinc Romanus, inde Cherusci, cum quis aeternum discordant, circumgrederentur, legatos in Vrbem et obsides misere ; decretusque Pomponio triumphalis honos, modica pars famae eius apud posteros, in quis carminum gloria praecellit.

2 aduentu *L recc.* : -tum *recc.* aduectu *M'* aduectum *M rec.* || Chattorum *edd.* : cat(t)ho- *M recc.* caut(h)o- *recc.* cauc(h)o- *recc.* cantho- *recc.* chauco- *L* || dein P. *Ritter* : dein l. *M rec.* deinde l. *L recc.* deligit *Orelli* || uangionas *M recc., Weiskopf* : uuan- *recc.* wan- *recc.* uangiones *L, Koestermann* nangiones *recc.* || ac *M recc.* : et *L* || alario *recc., Puteol.* : el- *M recc.* e latio *L rec.* clario *recc.* || mittit *suppl. Koestermann* : *post* Nemetas *Walther* immittit *suppl. Doederlein Weiskopf* || uel *M recc.* : ne *L recc.* || dilapsis *M recc.* : -si *L recc.*

3 quadragensimum *M* : -gesimum *L recc.*

28, 1 chatti *edd.* : *cf.* 27, 2 capti *recc.*

29. 1 Vers la même époque, Vannius, que Drusus César avait imposé aux Suèves [1], est chassé du royaume : après avoir été, dans les premières années de son règne, illustre et bien vu de la population [2], il glissa vers l'orgueil avec le temps [3], et il se trouva en butte aussi bien à la haine de ses voisins qu'à des discordes domestiques ; les instigateurs furent Vibilius, roi des Hermundures [4], ainsi que Vangion et Sidon, fils de sa propre sœur. 2 Et Claude, malgré maintes prières, ne voulut pas intervenir par les armes dans cette rivalité entre barbares, tout en promettant à Vannius un asile sûr, s'il était chassé [5] ; et il écrivit à Palpellius Hister [6], qui gouvernait la Pannonie, de rassembler le long de la rive [7] une légion et des auxiliaires levés dans la province même, afin de protéger les vaincus et d'effrayer les vainqueurs, pour éviter que, enorgueillis par le succès, ceux-ci ne troublassent aussi notre propre paix. 3 Car une masse innombrable, des Lygiens [8] et d'autres peuplades, accouraient, attirés par le bruit des richesses que Vannius, pendant trente ans de règne, avait accumulées à force d'exactions et d'impôts. Lui-même, malgré ses propres forces de fantassins et la cavalerie reçue des Sarmates Iazyges [9], était incapable de tenir tête à la multitude des ennemis ; aussi avait-il décidé de se défendre dans ses forteresses et de traîner la guerre en longueur.

1. En 19 ; cf. II, 63, 6. Les Suèves, qui comprenaient les Marcomans et les Quades, habitaient en Bohême et en Moravie. Cf. I, 44, 4 ; II, 26, 3 ; 44-46 ; 62 ; *G.*, 38-45. Pline, *H.N.*, IV, 81.
2. Expression empruntée à Salluste, *Jug.*, 70, 2.
3. Même évolution chez le roi parthe Artaban VI, 31, 1.
4. Situés en Thuringe. Cf. II, 63, 5 ; XIII, 57 ; *G.*, 41.
5. Tibère avait suivi la même politique, II, 46, 5 ; 63, 5.
6. Spurius. Consul suffect en 43 : cf. Pline, *H.N.*, X, 35. Sur sa carrière antérieure, cf. *C.I.L.*, V, 35.
7. Du Danube ; cf. 30, 2.
8. Situés au N.-E. des Suèves, entre l'Oder et la Vistule. Cf. *G.*, 43-4.
9. Installés en Hongrie, entre le Danube et la Tisza. Cf. Pline, *H.N.*, IV, 81. Ptolémée, III, 7, 1.

29. 1 Per idem tempus Vannius, Sue*b*is a Druso Caesare impositus, pellitur regno, prima imperii aetate clarus acceptusque popularibus, mox diuturnitate in superbiam mutans et odio accolarum, simul domesticis discordiis circumuentus ; auctores fuere Vibilius, Hermundurorum rex, et Vangio ac Sido, sorore Vannii geniti. 2 Nec Claudius, quamquam saepe oratus, arma certantibus barbaris interposuit, tutum Vannio perfugium promittens, si pelleretur ; scripsitque Pa*lp*ellio Histro, qui Pannoniam praesidebat, legionem ipsaque e prouincia lecta auxilia pro ripa componere, subsidio uictis et terrorem aduersus uictores, ne, fortuna elati, nostram quoque pacem turbarent. 3 Nam uis innumera, L*u*gii aliaeque gentes, aduentabant, fama ditis regni, quod Vannius triginta per annos praedationibus et uectigalibus auxerat. Ipsi manus propria pedites, eques e Sarmatis Iaz*u*gibus erat, impar multitudini hostium, eoque castellis sese defensare bellumque ducere statuerat.

29, 1 suebis *edd.* : sueuis *ML' recc.* sueuus *L* sueuius *recc.* sueni(u)s *recc.* suemus *rec.* || clarus *ML recc.* : carus *Woelfflin om. recc.* || mutans *M recc., Weiskopf* : mutatus *L recc., Koestermann* || uibilius *recc.* : uibillius *ML recc.* uibellius *recc.* iubellius *rec.*

2 certantibus barbaris *L recc.* : c- b- certantibus *M* || scripsitque *M recc.* : scripsit *L* || Palpellio *Lips.* : p. atellio *M recc.* p. attelio *L recc.* p. attello *recc.* p. abellio *recc.* patellio *rec.* || componere *M recc.* : -ret *L, Orelli.*

3 Lugii aliaeque *Müllenhoff* : ligii a- *ML recc.* ligum aliaque *rec.* ligualiaque *recc.* Lygii a- *Orelli* || e sarmatis *M recc.* : e ser- *rec.* ex armatis *L recc.* || Iazugibus *Nipperdey* : iazig- *ML recc.* azigi *M''* lazitibus *recc.* la(r)gizibus *recc.* larigibus *recc.* laritibus *recc.*

30. 1 Mais les Iazyges, ne pouvant supporter un siège et courant les campagnes voisines, rendirent la bataille inévitable, parce que les Lygiens et les Hermundures avaient attaqué de ce côté-là. Vannius descend donc de ses forteresses, mais perd le combat — échec qui lui valut du moins l'éloge d'avoir engagé la lutte et reçu des blessures en face. 2 D'ailleurs, la flotte qui l'attendait sur le Danube[1] lui offrit un refuge ; ses clients[2] le suivirent bientôt et reçurent des terres en Pannonie, où ils s'établirent. Le royaume fut partagé entre Vangion et Sidon, qui observèrent à notre égard une foi insigne[3], mais reçurent de leurs sujets, par l'effet de leur caractère ou par un trait de la servitude, beaucoup d'affection avant de prendre le pouvoir, et encore plus de haine après l'avoir obtenu[4].

31. 1 Cependant, en Bretagne[5], le propréteur[6] P. Ostorius[7] trouva une situation troublée, les ennemis ayant fait sur les terres de nos alliés des incursions d'autant plus violentes que, dans leur esprit, un général nouveau, avec une armée qu'il ne connaissait pas et l'hiver déjà commencé, ne marcherait pas à leur rencontre. 2 Lui, sachant que les premiers événements font naître la crainte ou la confiance[8], lance les cohortes

1. La *classis Pannonica*.
2. Terme romain appliqué aux « compagnons » barbares, comme I, 57, 3 ; cf. *G.*, 13.
3. Cf. *G.*, 42, 2. Sidon prit parti pour les Flaviens en 69 : cf. *H.*, III, 5, 1 ; 21, 2.
4. La psychologie critique et pessimiste de l'auteur est renforcée par des effets littéraires d'allitération, d'antithèse et de chiasme.
5. Les événements groupés dans les chapitres 31 à 40 s'échelonnent sur plusieurs années (cf. 40, 5). Les débuts de la conquête, de 43 à 47, devaient être relatés au livre XI.
6. *Legatus Augusti pro praetore* dans une province impériale de rang consulaire.
7. Scapula. Successeur d'A. Plautius en 47. Cf. *Agr.*, 14, 1. Dion, LX, 30, 1-2.
8. Même pensée *Agr.*, 18, 3 ; *H.*, II, 20, 2.

30. 1 Sed Iaz*u*ges, obsidionis impatientes et proximos per campos uagi, necessitudinem pugnae attulere, quia L*u*gius Hermundurusque illic ingruerant. Igitur degressus castellis, Vannius funditur proelio, quamquam rebus aduersis, laudatus, quod et pugnam manu capessiit et corpore aduerso uulnera excepit. 2 Ceterum ad classem, in Danu*u*io opperientem, perfugit; secuti mox clientes et acceptis agris in Pannonia locati sunt. Regnum Vangio ac Sido inter se partiuere, egregia aduersus nos fide, subiectis, suone an seruitii ingenio, dum adipiscerentur dominationes, multa caritate, et maiore odio, postquam adepti sunt.

31. 1 At in Britannia P. Ostorium, pro praetore turbidae res excepere, effusis in agrum sociorum hostibus eo uiolentius quod nouum ducem, exercitu ignoto et coepta hieme, iturum obuiam non rebantur. 2 Ille, gnarus primis euentibus metum aut fiduciam gigni

30, 1 Iazuges *Nipperdey* : iaziges *L recc.* iazigies *M recc.* laziges *rec.* iagizies *rec.* lagizies *rec.* iariges *rec.* larig(i)es *recc.* || Lugius *Müllenhoff* : ligius *ML recc.* lingius *recc.* ligirus *rec.* linguis *rec.* linguris *rec.* || degressus *recc.*, *Ernesti* : dig- *ML recc.* disg- *rec.* ing- *rec.* || capessiit *L recc.*, *Rhen.* : capesciit *M recc.* capessit *recc.* capescit *recc.* compescit *rec.* capessiuit *Ritter.*

2 Danuuio *edd.* : danubio *L recc.* dauio *M recc.* || uangio *L recc.* : uagio *M recc.* uangidio *recc.* uando *rec.* uadio *recc.* || ac *M recc.* : et *L om. rec.* || sido *L rec.* : sydo *recc.* sidio *M recc.* || partiuere *M* : pert- *rec.* -rant *recc.* partiti sunt *L recc.* || subiectis *M recc.* : sublectis *recc. om. L* || suone an *M recc.*, *Weiskopf* : suo an ne *recc.* suo an *rec.* suoriae *rec.* incertum suo *L*, *Koestermann* || dominationes *codd.* : dominationis *Heins.*

31, 1 effusis *L recc.* : et fusis *M recc.* || hieme iturum obuiam *recc.*, *Weiskopf* : hieme iturum obuia *M'* ghiemei turum obuia *M* h- o- i- *L*, *Koestermann.*

légères, massacre ceux qui résistent, poursuit ceux qui se dispersent, puis, craignant qu'ils ne se reforment et qu'une paix hostile et trompeuse ne laisse de repos ni au chef ni au soldat [1], il s'apprête à désarmer les suspects et à tout contenir par une ligne de postes en deçà de deux fleuves, la Trent et la Severn [2]. 3 La rébellion commença par les Icéniens [3], peuple puissant, que les combats n'avaient pas écrasé, parce qu'il était de lui-même entré dans notre alliance. Et, à leur instigation, les peuplades environnantes choisirent pour champ de bataille un terrain entouré d'une levée de terre rustique et à l'accès étroit, pour qu'il fût impraticable à la cavalerie. 4 Devant ces retranchements, le général romain, bien qu'il n'eût pas avec lui la force des légions et menât des troupes alliées, entreprend toutefois de les forcer : il répartit les cohortes et prépare les escadrons à faire aussi office de fantassins. Puis, le signal donné, ils percent la levée de terre et jettent le désordre parmi les ennemis, empêtrés dans leurs propres barrières. Eux, cependant, conscients de leur rébellion et voyant les issues coupées, accomplirent de nombreux et fameux exploits [4]. Dans cette bataille, le fils du légat, M. Ostorius, mérita l'honneur attribué à qui sauve un citoyen [5].

32. 1 Au reste, le désastre des Icéniens calma ceux qui hésitaient entre la guerre et la paix, et l'armée fut conduite chez les Decanges [6]. Les champs furent dévastés, le butin ramassé de tous côtés, sans que l'ennemi osât livrer bataille ou, s'il essayait par surprise d'entamer la colonne, on le punit de sa ruse. Déjà on était arrivé

1. Nombreux effets stylistiques d'allitération, d'anaphore et de chiasme.
2. Texte incertain.
3. Situés dans les comtés de Norfolk, de Suffolk et de Cambridge. Cf. XIV, 31.
4. Expression empruntée à Salluste.
5. La couronne civique ; cf. III, 21, 3 ; XVI, 15, 1. Il devint consul suffect en 59, mais dut se tuer en 66 ; cf. XIV, 48 ; XVI, 14-5.
6. Peuple au nom variable, dans le N. du Pays de Galles.

citas cohortes rapit et, caesis qui restiterant, disiectos consectatus, ne rursus conglobarentur infensaque et infida pax non duci, non militi requiem permitteret, detrahere arma suspectis cunctaque castris ⟨cis⟩ *Tris*antonam et Sabrinam fluuios cohibere parat. 3 Quod primi Iceni abnuere, ualida gens nec proeliis contusi, quia ad societatem nostram uolentes accesserant. Hisque auctoribus, circumiectae nationes locum pugnae delegere, saeptum agresti aggere et aditu angusto, ne peruius equiti foret. 4 Ea munimenta dux Romanus, quamquam sine robore legionum sociales copias ducebat, perrumpere adgreditur et, distributis cohortibus, turmas quoque peditum ad munia accingit. Tunc, dato signo, perfringunt aggerem suisque claustris impeditos turbant. Atque illi, conscientia rebellionis et obsaeptis effugiis, multa et clara facinora fecere. Qua pugna filius legati, M. Ostorius, seruati ciuis decus meruit.

32. 1 Ceterum clade Icenorum compositi qui bellum inter et pacem dubitabant, et ductus in Decangos exercitus. Vastati agri, praedae passim actae, non ausis aciem hostibus, uel, si ex occulto carpere agmen temptarent, punito dolo. Iamque uentum haud

2 restiterant *L recc.* : -runt *M* -ituerunt *recc.* || cunctaque *M recc.* : -tasque *recc.* -tosque *recc.* -tis(que) *recc.* cinctosque *recc.* iunctisque *L* || castris *codd.* : castellis *Furneaux del. C. Heraeus* || cis Trisantonam *C. Heraeus* : antonam *ML recc.* antoniam *recc.* anthonam *rec.* anc(h)onam *recc.* ad Trisantonam *F. Haverfield* Auonam inter *Heins.*

3 ad societatem *L recc.* : s- *M recc.* || nostram *M recc.* : primigini *L recc.*

32, 1 in decangos *recc., Bezzenberger* : inde cangos *M recc.* inde cauchos *L* inde gangos *recc.* in Ceangos *Andresen.*

non loin de la mer qui fait face à l'île d'Hibernie [1], quand des troubles survenus chez les Brigantes [2] rappelèrent le général, inébranlable dans la résolution de ne pas tenter de nouvelles conquêtes avant d'avoir assuré les anciennes. 2 Les Brigantes, eux, après l'exécution de quelques rebelles en armes et le pardon accordé aux autres, s'apaisèrent ; mais le peuple des Silures [3] ne cédait ni à la rigueur ni à la clémence, décidé à mener la guerre et obligeant les légions à camper chez eux [4] pour les soumettre. Afin d'y parvenir plus aisément, on installe à Camulodunum une forte colonie de vétérans [5], sur les terres occupées, comme point d'appui contre les rebelles et pour ancrer dans l'esprit des alliés le respect des lois.

33. On marcha ensuite contre les Silures, dont l'intrépidité naturelle était accrue par leur confiance dans les forces de Caratacus [6], que beaucoup de combats, soit douteux, soit heureux, avaient élevé si haut qu'il surclassait tous les autres généraux bretons. Mais alors il use d'un stratagème : supérieur par les pièges du terrain, inférieur par la force des soldats, il transporte la guerre chez les Ordoviques [7], s'adjoint ceux qui redoutaient notre paix [8] et tente une action décisive, après avoir choisi pour le combat un terrain où l'accès, la retraite, tout nous fût défavorable et convînt mieux à ses troupes : d'un côté, des montagnes escarpées et, partout où la pente était douce, des rochers entassés par lui en guise de

1. L'Irlande. Cf. *Agr.*, 24.
2. Peuple occupant un vaste territoire, dans le N. de la Bretagne. Cf. Sénèque, *Apoc.*, 12, 3.
3. Peuple puissant, situé dans le S. du Pays de Galles, entre la Severn et le canal de Bristol. Cf. *Agr.*, 11.
4. Probablement à *Gleuum* (Gloucester) et à *Viroconium* (Wroxeter).
5. *Colonia Victricensis Camulodunum* (Colchester). Cf. XIV, 31 ; *Agr.*, 14.
6. Fils de Cunobelinus, prince de *Camulodunum*, réfugié chez les Silures après la conquête de 43.
7. Au N. des Silures. Cf. *Agr.*, 18. Ptolémée, II, 3, 18.
8. Cf. *Agr.*, 30, 4 : *ubi solitudinem faciunt pacem appellant.*

procul mari quod Hiberniam insulam aspectat, cum ortae apud Brigantes discordiae retraxere ducem, destinationis certum ne noua moliretur nisi prioribus firmatis. 2 Et Brigantes quidem, paucis qui arma coeptabant interfectis, in reliquos data uenia, resedere; Silurum gens non atrocitate, non clementia mutabatur, quin bellum exerceret castrisque legionum premenda foret. Id quo promptius ueniret, colonia Camulodunum ualida ueteranorum manu deducitur in agros captiuos, subsidium aduersus rebelles et imbuendis sociis ad officia legum.

33. Itum inde in Siluras, super propriam ferociam Carataci uiribus confisos, quem multa ambigua, multa prospera extulerant, ut ceteros Britannorum imperatores praemineret. Sed tum astu, locorum fraude prior, ui militum inferior, transfert bellum in Ordouicas, additisque qui pacem nostram metuebant, nouissimum casum experitur, sumpto ad proelium loco ut aditus, abscessus, cuncta nobis importuna et suis in melius essent, *hi*nc montibus arduis, et, si qua clementer accedi poterant, in modum ualli saxa praestruit; et

1 brigantes *M recc., Weiskopf* : brigantas *M'' L recc. Koestermann* brigidas *rec.*

2 Silurum *Rhen.* : siluarum *M* silurarum *recc.* sylurarum *recc.* salurarum *recc.* diluarum *L recc.*

33 confisos *L recc.* : -sis *M recc.* || tum *M recc.* : cum *rec.* tamen *L recc. om. recc.* || astu *codd.* : *secl. Haase* || locorum fraude *M recc., Jacob Jackson* : locorumque f- *L, Koestermann* ac l- f- *rec., Weiskopf* tum l- f- *recc.* lucorum f- *rec.* et l- f- *Fuchs secl. Ritter* || ordouicas *M'', Rhen.* : ordolucas *M recc.* ordelucas *L recc.* ordulucas *rec.* ordolicas *recc.* ordoliicas *rec.* || hinc *Halm* : tunc *codd.* || poterant *ML recc.* : poterat *recc., Halm* || ualli *L recc.* : uallis *M' V58 recc.* ballis *M.*

rempart ; au-devant coulait un fleuve aux gués incertains, et des bataillons d'hommes en armes avaient pris position devant les retranchements.

34. En outre, les chefs des peuplades parcourent les rangs, exhortent, encouragent, atténuant la crainte, enflammant l'espérance et usant de tout ce qui excite à la guerre[1]. Quant à Caratacus, volant de tous les côtés[2], il attestait que ce jour, que cette bataille allaient marquer soit le retour à la liberté, soit le début d'une servitude éternelle[3] ; il invoquait aussi les noms des ancêtres, qui avaient repoussé le dictateur César[4] et dont la valeur, en les exemptant des haches et des tributs, avait conservé à l'abri des outrages leurs femmes et leurs enfants. Pendant qu'il parlait ainsi ou de la sorte, la foule applaudissait bruyamment[5], et chacun jurait par ses dieux nationaux que ni les traits ni les blessures ne le feraient reculer.

35. 1 Cet enthousiasme frappa de stupeur le général romain ; en même temps, la barrière d'un fleuve, l'adjonction d'un rempart, l'escarpement des cimes, l'horreur de ces lieux garnis de défenseurs, tout l'effrayait[6]. Mais les soldats réclament le combat, s'écriant à l'envi qu'il n'est rien dont la valeur ne triomphe ; et les préfets, les tribuns[7], tenant les mêmes propos, échauffaient l'ardeur de l'armée. 2 Alors Ostorius, ayant reconnu les endroits

1. Recherche littéraire à la manière de Salluste.

2. Même expression XIII, 37, 1.

3. Thème habituel aux chefs barbares ; cf. I, 59, 6 ; II, 15, 3 ; IV, 46, 2 ; XII, 34 ; XIV, 35, 2 ; *Agr.*, 30 sqq.

4. En 55-54. Exagération : cf. *Agr.*, 13, 1.

5. Même tournure XI, 17, 3.

6. Nombreux effets stylistiques d'asyndète, de parallélisme et de variété, d'antithèse et de chiasme dans la place des deux verbes qui encadrent l'ensemble.

7. Les commandants des troupes alliées et romaines ; de même IV, 73, 3.

praefluebat amnis uado incerto, caterua*e*que *ar*ma*to*rum pro munimentis constiterant.

34. Ad hoc gentium ductores circumire, hortari, firmare animos, minuendo metu, accendenda spe aliisque belli incitamentis. Enimuero Caratacus, huc illuc uolitans, illum diem, illam aciem testabatur aut recuperandae libertatis aut seruitutis aeternae initium fore ; uocabatque nomina maiorum, qui dictatorem Caesarem pepulissent, quorum uirtute, uacui a securibus et tributis, intemerata coniugum et liberorum corpora retinerent. Haec atque talia dicenti adstrepere uulgus ; gentili quisque religione obstringi non telis, non uulneribus cessuros.

35. 1 Obstupefecit ea alacritas ducem Romanum ; simul obiectus amnis, additum uallum, imminentia iuga, nihil nisi atrox et propugnatoribus frequens terrebat. Sed miles proelium poscere, cuncta uirtute expugnabilia clamitare ; praefectique et tribuni, paria disserentes, ardorem exercitus intendebant. 2 Tum Ostorius, circumspectis quae impenetrabilia quaeque

33 cateruaeque *Lips.* : -uaque *codd.* || armatorum *Freinsheim* : maiorum *M recc.* maiore *L.*

34 accendenda *L* : accenda *M* accendendo *rec.* accendendi *rec.* accidenda *recc.* accensa *rec.* a crescenda *rec.* || religione *L rec.*, *Lips.* : -ni *M recc.* || non telis non uulneribus *M recc.* : non u- non t- *L recc.*

35, 1 additum *ML recc.* : -us *recc.* aditum *recc.* || uallum *L recc.* : a u- *M* || uirtute *ML recc.* : uirtuti *recc.*, *Pichena* || expugnabilia *L recc.* : -li *M recc.* || et *L*, *Bezzenberger Koestermann* : ac *recc.*, *Weiskopf* (*fort.recte*) *om.* *M recc.* || intendebant *M recc.* : -at *recc.* incend- *L recc.*

inaccessibles et les passages praticables, les conduit ainsi excités et franchit le fleuve sans difficulté. On parvint au rempart[1] ; tant qu'on luttait avec des armes de jet, il y avait plus de blessures de notre côté et le carnage commençait ; lorsque, ayant formé la tortue, on eut démoli cet amas de pierres grossier et informe et que la mêlée s'engagea en terrain égal, les barbares se retirèrent sur les cimes des monts. 3 Mais ils furent, là aussi, assaillis par les troupes légères et l'infanterie lourde[2], qui les harcelèrent, les unes à coups de traits, l'autre en formation serrée, alors que le désordre régnait dans les rangs des Bretons, qui n'avaient ni cuirasses ni casques pour se couvrir[3] ; et, s'ils essayaient de résister aux auxiliaires, ils tombaient sous le glaive et le javelot des légionnaires, s'ils se tournaient de ce côté, sous l'espadon[4] et la lance des auxiliaires. Éclatante fut cette victoire ; on fit prisonnières l'épouse et la fille de Caratacus, et ses frères se rendirent à discrétion.

36. 1 Lui-même, comme habituellement l'insécurité suit l'adversité, bien qu'il eût demandé protection à Cartimandua, reine des Brigantes[5], fut enchaîné et livré aux vainqueurs[6], huit ans[7] après le début de la guerre en Bretagne. Aussi sa renommée, sortie des îles[8] et répandue dans les provinces voisines, se propageait-elle de même en Italie, et l'on aspirait à voir qui, durant tant d'années, avait pu braver notre puissance. 2 A Rome même, le nom de Caratacus n'était pas inconnu, et

1. Situation analogue II, 20, 2.
2. L'adjectif archaïque *ferentarius* s'applique aux alliés, *grauis* aux légionnaires.
3. Comme les Germains : cf. II, 14, 3.
4. Large épée à double tranchant ; cf. Végèce, XX, 15.
5. Cf. *H.*, III, 45. I. A. Richmond, *Journ. Rom. St.*, 44, 1954, p. 43 sqq.
6. Même association de mots 14, 3.
7. A partir de 43, on aboutit probablement à 51, bien que le récit se rattache à l'année 50 ; cf. 31, 1 ; 40, 5.
8. Pluriel emphatique, englobant peut-être l'Irlande (cf. 32, 1). Effets d'allitération et de chiasme.

peruia, ducit infensos amnemque haud difficulter euadit. Vbi uentum ad aggerem, dum missilibus certabatur, plus uulnerum in nos et pleraeque caedes oriebantur ; postquam, facta testudine, rudes et informes saxorum compages distractae parque comminus acies, decedere barbari in iuga montium. 3 Sed eo quoque inrupere ferentarius grauisque miles, illi telis adsultantes, hi conferto gradu, turbatis contra Britannorum ordinibus, apud quos nulla loricarum galearumue tegmina ; et, si auxiliaribus resisterent, gladiis ac pilis legionariorum, si huc uerterent, spathis et hastis auxiliarium sternebantur. Clara ea uictoria fuit, captaque uxor et filia Carataci fratresque in deditionem accepti.

36. 1 Ipse, ut ferme intuta sunt aduersa, cum fidem Cartimanduae, reginae Brigantum, petiuisset, uinctus ac uictoribus traditus est, nono post anno quam bellum in Britannia coeptum. Vnde fama eius, euecta insulas et proximas prouincias peruagata, per Italiam quoque celebrabatur, auebantque uisere quis ille tot per annos opes nostras spreuisset. 2 Ne Romae quidem ignobile Carataci nomen erat ; et Caesar, dum suum decus

2 distractae *L recc.* : -cta *M recc.*

3 uxor *recc., Bezzenberger Koestermann* : uxore *ML recc., Weiskopf* || carataci *L recc.* : carattaci *M rec.* caractaci *recc.* cararaci *rec.* caratici *rec.* cartaci *rec.* carastaci *rec.* carathaci *rec.* || fratresque *ML recc.* : fratres quoque *recc., Weiskopf.*

36, 1 cartimanduae *V58 recc., Puteol.* : -dae *L recc.* -dus *M recc.* carthimandae *rec.* carthimannae *rec.* cartumandae *rec.* cartunandae *rec.* || ac *M recc.* : et *L recc. om. recc.* || insulas *M recc.* : in i- *L recc.* insulam *Heins. (fort. recte).*

2 ne *M recc.* : nec *L recc.*

César, en voulant rehausser sa propre gloire, augmenta le renom du vaincu. En effet, on convoqua le peuple, comme pour un spectacle extraordinaire ; les cohortes prétoriennes furent rangées en armes dans la plaine qui s'étend devant leur camp [1]. 3 Alors [2] défilent les clients du roi, on présente les phalères, les colliers et tous les trophées conquis par lui dans des guerres étrangères [3], puis ses frères, sa femme et sa fille, enfin lui-même sont offerts aux regards. Tous les autres s'abaissèrent à des prières humiliantes sous l'effet de la peur ; mais Caratacus, sans courber la tête, sans dire un mot pour implorer la pitié, dès son arrivée au tribunal [4], s'exprima de cette manière [5] :

37. 1 « Si à ma noblesse et à ma fortune eût répondu une égale modération dans la prospérité, c'est en ami que je serais venu dans cette ville, plutôt qu'en prisonnier, et toi-même tu n'aurais pas dédaigné d'accueillir un homme, issu d'illustres aïeux, à la tête de nombreuses nations, dans un traité de paix. 2 Mon sort présent, s'il me dégrade, t'honore. J'ai eu des chevaux, des hommes, des armes, des richesses [6] ; est-il surprenant que je les aie perdus à mon corps défendant ? En effet, si vous voulez, vous, commander à tous, s'ensuit-il que tous acceptent la servitude [7] ? 3 Une prompte reddition m'eût-elle traîné

1. Au N.-E. de Rome. Cf. XI, 31, 1 ; 35, 1.
2. La description ressemble à celle d'un triomphe.
3. Par rapport aux Romains.
4. Du camp. Cf. XI, 35, 2.
5. Ce discours en style direct, qui renchérit sur les paroles prêtées à Mithridatès du Bosphore (18, 2), porte, dans le fond comme dans la forme, la marque de Tacite. Zonaras (cf. Dion, LX, 33, 3 c) attribue à Caratacus une réflexion très différente.
6. L'asyndète et le rythme rappellent Salluste, *Jug.*, 51, 1 : *arma, tela, equi, uiri.*
7. Sur ce thème, commun aux chefs barbares, cf. 34. Interrogations de rhétorique.

extollit, addidit gloriam uicto. Vocatus quippe, ut ad insigne spectaculum, populus ; stetere in armis praetoriae cohortes campo qui castra praeiacet. 3 Tunc, incedentibus regiis clientulis, phalerae, torques quaeque bellis externis quaesiuerat traducta, mox fratres et coniunx et filia, postremo ipse ostentatus. Ceterorum preces degeneres fuere ex metu ; at non Caratacus aut uultu demisso aut uerbis misericordiam requirens, ubi tribunali adstitit, in hunc modum locutus est :

37. 1 « Si, quanta nobilitas et fortuna mihi fuit, tanta rerum prosperarum moderatio fuisset, amicus potius in hanc urbem quam captus uenissem, neque dedignatus esses claris maioribus ortum, plurimis gentibus imperitantem foedere ⟨in⟩ pacem accipere. 2 Praesens sors mea, ut mihi informis, sic tibi magnifica est. Habui equos, uiros, arma, opes ; quid mirum, si haec inuitus amisi ? Nam, si uos omnibus imperitare uultis, sequitur ut omnes seruitutem accipiant ? 3 Si

2 spectaculum *L recc.* : -alum *M* || castra *M recc.* : -ris *L recc.*

3 tunc *ML recc.* : tum *recc., Ernesti* || clientulis *M* : *recc.* -telis *M''* -teli *M*ᵐ || torques quaeque *recc.* : torquesque quae *L recc.* torquesque quaeque *recc.* torquibus quaeque *M recc.* cum torquibus *Ritter* || traducta *M recc.* : t- sunt *recc.* -tae sunt *recc.* tradita sunt *recc.* inducta sunt *L* || coniunx *L recc.* : coniux *M recc.* || caratacus *L* : caract- *recc.* catarat- *M* cataratus *rec.* cartacus *recc.*

37, 1 imperitantem *M recc.* : -rantem *L recc.* -ritans *recc.* || foedere *M'L* : -ret *M* || in pacem *Doederlein Weiskopf* : pacem *M recc., Nipperdey* pacis *recc.* et pace *Becher Koestermann* (*fort. recte*) || accipere *M'L recc.* : -ret *M.*

2 nam *ML* : non *L'.*

ici, ni ma fortune ni ta gloire n'auraient brillé ; et l'oubli suivrait mon supplice. Mais, si tu me conserves la vie, je serai éternellement une preuve de ta clémence. » 4 A ces paroles, César lui fit grâce, ainsi qu'à sa femme et à ses frères [1]. Et eux, dégagés de leurs chaînes, se tournant aussi vers Agrippine, qu'on voyait non loin de là sur une autre estrade [2], ils lui rendirent les mêmes hommages et les mêmes actions de grâces qu'au prince. Fait nouveau assurément et contraire à la tradition des anciens, de voir une femme siéger devant les enseignes romaines [3] ! De l'empire conquis par ses aïeux, elle-même réclamait sa part [4].

38. 1 Le sénat fut ensuite convoqué, et l'on fit de nombreux et pompeux discours sur la capture de Caratacus — un exploit aussi éclatant que ceux de P. Scipion, L. Paulus et d'autres montrant au peuple romain Syphax [5], Persée [6] et divers rois enchaînés. 2 On décerne à Ostorius les insignes du triomphe [7]. Heureuses jusque-là, ses actions eurent une suite douteuse, soit que, Caratacus une fois écarté, croyant la guerre finie, il laissât la discipline se relâcher parmi nous, soit que l'ennemi, ému de compassion pour un si grand roi, mît une ardeur plus vive à le venger. 3 Un préfet de camp [8] et plusieurs cohortes légionnaires, laissés chez les Silures pour y établir des postes, sont enveloppés. Et si, grâce à des messagers,

1. Tacite omet sa fille (cf. 36, 3), sans doute en bas âge.
2. Même terme I, 44, 2. Sur la scène, cf. Dion, LX, 33, 7.
3. Tout en désapprouvant par misogynie et traditionalisme, Tacite réagit moins vivement qu'à l'égard de la première Agrippine et surtout de Plancine (I, 69, 4 ; II, 55, 6 ; III, 33, 3). Cf. t. I, *Intr.*, p. XXVII.
4. Elle descendait d'*imperatores* ; cf. 42, 2.
5. Prince numide, vaincu par Scipion l'Africain, qui triompha en 201. Cf. Tite-Live, XXX, 45, 5.
6. Roi de Macédoine, vaincu par Paul-Émile, qui triompha en 167. Cf. Tite-Live, *Per.*, 45.
7. Cf. XI, 20-1 ; XII, 3, 2 ; 28, 2. On éleva aussi un arc de triomphe à l'empereur : cf. *C.I.L.*, VI, 920-1.
8. Sur cette fonction militaire, cf. I, 20, 1.

statim deditus traherer, neque mea fortuna neque tua gloria inclaruisset ; et supplicium mei obliuio sequeretur. At, si incolumem seruaueris, aeternum exemplar clementiae ero. » 4 Ad ea Caesar ueniam ipsique et coniugi et fratribus tribuit. Atque illi, uinclis absoluti, Agrippinam quoque, haud procul alio suggestu conspicuam, isdem quibus principem laudibus gratibusque uenerati sunt. Nouum sane et moribus ueterum insolitum, feminam signis Romanis praesidere ! Ipsa semet parti a maioribus suis imperii sociam ferebat.

38. 1 Vocati posthac patres multa et magnifica super captiuitate Carataci disseruere, neque minus id clarum quam quod Syphacem P. Scipio, Persen L. Paulus et si qui alii uinctos reges populo Romano ostendere. 2 Censentur Ostorio triumphi insignia, prosperis ad id rebus eius, mox ambiguis, siue, amoto Carataco, quasi debellatum foret, minus intenta apud nos militia fuit, siue hostes miseratione tanti regis acrius ad ultionem exarsere. 3 Praefectum castrorum et legionarias cohortes, exstruendis apud Siluras praesidiis relictas, circumfundunt. Ac, ni cito nuntiis

3 traherer *Bekker* : traderer *ML recc., Furneaux* traderet *recc.* || sequeretur *M' recc., Weiskopf* : sequetur *M(?)L, Lips. Koestermann (fort.recte)* || exemplar clementiae *M recc.* : c- e- *L.*

4 et coniugi *M recc.* : ac c- *L* et coniugii *rec.* || absoluti *codd.* : exsoluti *Lips. Nipperdey* || moribus ueterum *M* : u- m- *L rec.* || parti *L recc.* : partim *M recc.* patri *rec.* parti olim *Andresen.*

38, 1 syphacem *rec.*: siph- *L recc.* sifacem *M recc.* siphacen recc.

3 siluras *recc.* : silulas *M recc.* siluas *L recc.* || relictas *L recc.* : -ta *M rec.* -tos *recc.* || cito *M recc.* : *post* proximis *transf. L* || nuntiis *M recc.* : uicis *L recc.* nuntiis missis *Nipperdey* nuntiis dimissis *Wurm del. Jacob.*

on n'était pas venu rapidement des forts voisins au secours des troupes encerclées [1], ils auraient tous succombé ; cependant le préfet, huit centurions et les plus hardis des simples soldats périrent. Et, peu de temps après, nos fourrageurs et les escadrons envoyés pour les soutenir sont mis en déroute.

39. 1 Alors Ostorius interposa des cohortes légères ; mais cela ne suffisait pas à arrêter la fuite [2], et il fallut l'intervention des légions pour reprendre le combat ; leur masse rétablit l'équilibre de la lutte, puis nous eûmes l'avantage. Les ennemis s'enfuirent avec des pertes légères, parce que le jour baissait. 2 Fréquents depuis lors furent les combats, qui ressemblaient surtout à des attaques de brigands [3], dans les défilés, dans les marais, selon le hasard ou le courage, tantôt sans plan tantôt avec méthode, par colère ou par désir de butin, sur l'ordre des chefs et parfois à leur insu [4]. Les Silures se distinguaient par leur acharnement, enflammés de colère à force d'entendre une parole du général romain, selon laquelle, comme jadis les Sicambres [5] avaient été exterminés ou transférés dans les Gaules [6], il fallait de même anéantir le nom des Silures. 3 Ainsi, comme deux cohortes auxiliaires, poussées par l'avidité de leurs préfets [7], pillaient sans précaution, ils les enlevèrent ; et, en distribuant avec largesse les dépouilles et les prisonniers, ils entraînaient aussi toutes les autres peuplades à la révolte,

1. Texte incertain.

2. Situation analogue I, 63, 2 ; IV, 73, 2.

3. Salluste, *Jug.*, 97, 5, et Tite-Live, III, 61, 13 ; VIII, 34, 10, emploient le même terme.

4. Cette phrase nominale, très dense et habilement balancée, reflète bien la situation.

5. Peuple germanique, soumis par Tibère en 8 ap. J.-C. : cf. II, 26, 3.

6. La partie orientale de la Belgique, où furent formées ultérieurement les deux provinces de Germanie.

7. Cf. 35, 1.

e castellis proximis subuentum foret copiarum obsidion*i*, occubuissent ; praefectus tamen et octo centuriones ac promptissimus quisque ⟨e⟩ manipul*i*s cecidere. Nec multo post pabulant*e*s nostros missasque ad subsidium turmas profligant.

39. 1 Tum Ostorius cohortes expeditas *op*posuit ; nec ideo fugam sistebat, ni legiones proelium excepissent ; earum robore aequata pugna, dein nobis pro meliore fuit. Effugere hostes tenui damno, quia inclinabat dies. 2 Crebra hinc proelia, et saepius in modum latrocinii, per saltus, per paludes, ut cuique sors aut uirtus, temere, prouiso, ob iram, ob praedam, iussu et aliquando ignaris ducibus. Ac praecipua Silurum peruicacia, quos accendebat uulgata imperatoris Romani uox, ut quondam Sugambri excisi aut in Gallias traiecti forent, ita Silurum nomen penitus exstinguendum. 3 Igitur duas auxiliares cohortes, auaritia praefectorum incautius populantes, intercepere ; spoliaque et captiuos largiendo, ceteras quoque nationes ad defectionem trahebant, cum, taedio curarum fessus,

3 e *M'* : et *ML recc.* ex *Ruperti* || obsidioni *Bezzenberger* : -ne *codd.* obsidio occidione *Halm* || e manipulis *Lips.* : manipulus *codd.* manipularis *Pichena* || pabulantis *M recc.* : -latum *L recc.* -latores *recc.* || nostros *recc., Puteol. (?)* : nos ipsos *ML recc.* nostros ipsos *recc. Nipperdey* hos ipsos *L'* nec ipsos *recc.* ipsos *recc. om. rec.* || ad *M'L* : a ad *M*.

39, 1 opposuit *Lips.* : expo- *codd.* || tenui damno *M* : -ia -na *L recc.*

2 prouiso *ML recc.* : -sa *recc.* -sam *recc.* prouisu *Lips. Nipperdey* || et *om. L* || ac *M recc.* : et *L* || imperatoris romani *M recc.* : r- i- *L* imper r- *recc.* imperii r. *recc.* nuper r- *rec.* || excisi *M recc.* : occisi *L recc.* || aut *M recc.* : ut *L recc.* || silurum *M recc.* : -rarum *L.*

lorsque, épuisé par le dégoût des soucis, Ostorius quitta la vie ; les ennemis s'en réjouirent, à l'idée qu'un général nullement méprisable[1] avait été emporté, sinon dans un combat, du moins par la guerre.

40. 1 Cependant César, ayant appris la mort du légat, pour ne pas laisser la province sans gouverneur, mit à sa place A. Didius[2]. Celui-ci, passé sans retard dans l'île, ne trouva cependant pas les choses en l'état, car dans l'intervalle une légion, commandée par Manlius Valens[3], avait subi un échec ; cette affaire fut encore grossie par l'ennemi, désireux d'effrayer le général qui arrivait, et lui-même exagérait ce qu'il apprenait pour se ménager plus de gloire, en rétablissant la situation, ou, s'il n'y avait pas de changement, une excuse plus légitime[4]. C'étaient encore les Silures qui nous avaient porté ce coup, et ils sillonnaient le pays en tous sens, jusqu'à ce que Didius accourût pour les repousser. 2 Cependant, depuis la capture de Caratacus[5], le meilleur connaisseur de l'art militaire était Venutius, appartenant à la cité des Brigantes, comme je l'ai rappelé plus haut[6] ; longtemps fidèle et défendu par les armes romaines quand il était marié à la reine Cartimandua, dès qu'il se sépara d'elle par le divorce et bientôt par la guerre, il avait pris aussi à notre égard des sentiments hostiles. 3 Mais au début la lutte se déroulait entre eux seuls, et Cartimandua,

1. Cf. *Agr.*, 14, 1 : *bello egregius.*

2. Sur A. Didius Gallus, cf. 15, 1. Il gouverna la Bretagne de 52 à 57.

3. Encore légat de légion en 69 (cf. *H.*, I, 64, 4), T. Manlius Valens ne devint consul que peu avant sa mort, en 96 (cf. *C.I.L.*, VI, 17707).

4. Nombreuses notations psychologiques dans une phrase très resserrée.

5. Cf. 33-36.

6. Au livre XI. A défaut de ce passage perdu, cf. *H.*, III, 45, où Tacite raconte les causes du divorce et de la guerre entre Venutius et Cartimandua, favorable aux Romains et plongée dans le luxe et l'adultère.

Ostorius concessit uita, laetis hostibus, tamquam ducem haud spernendum, etsi non proelium, at certe bellum absumpsisset.

40. 1 At Caesar, cognita morte legati, ne prouincia sine rectore foret, A. Didium suffecit. Is, propere uectus, non tamen integras res inuenit, aduersa interim legionis pugna, cui Manlius Valens praeerat; auctaque et apud hostes eius rei fama, quo uenientem ducem exterrerent, atque illo augente audita, ut maior laus compositi, uel, si durauissent, uenia iustior tribueretur. Silures id quoque damnum intulerant, lateque persultabant, donec adcursu Didii pellerentur. 2 Sed, post captum Caratacum, praecipuus scientia rei militaris Venutius, e Brigantum ciuitate, ut supra memoraui, fidusque diu et Romanis armis defensus, cum Cartimanduam reginam matrimonio teneret; mox, orto discidio et statim bello, etiam aduersus nos hostilia induerat. 3 Sed primo tantum inter ipsos certabatur, callidisque Cartimandua artibus fratrem ac propin-

3 uita *L recc.* : uitam *M recc.* e ulta *recc.* || absumpsisset *L recc.* : ads- *M* ass- *recc.*

40, 1 manlius *M recc.* : mallius *L recc.* maulius *rec.* manilius *rec.* || et *codd.* : est *Nipperdey* || illo *codd.* : ipso *Ernesti* || compositi uel *ML recc.* : c- set *M*ᵐ compositis et *Andresen* || uenia iustior *M recc., Weiskopf* : iustitior u- *L* iustior uenia *Koestermann.*

2 e brigantum *L* : euig- *M recc.* e iug- *recc.* e lug- *rec.* et uig- *rec.* euiguntum *rec.* || cartimanduam *rec.* : -dam *L' recc.* -dum *M recc.* cartimanum *recc.* cartumandam *recc.* caramandam *L recc.*

3 cartimandua *rec'.* : -da *rec.* -dae *rec.* -dus *recc.* -dum *recc.* -des *L* cartimannus *M recc.* cartimanus *rec.* certimanus *recc.* artimanus *rec. om. rec.*

par d'habiles stratagèmes, enleva le frère et les proches parents de Venutius [1]. Ce coup enflamme l'ennemi, que stimulait aussi la honte d'être soumis à l'empire d'une femme [2] : une vaillante jeunesse excellemment armée [3] se jette sur son royaume. Nous l'avions prévu, et des cohortes envoyées à son secours livrèrent un rude combat, qui, après un début indécis, finit par être plus heureux [4]. 4 Avec le même succès combattit une légion, commandée par Caesius Nasica ; car Didius, appesanti par l'âge et comblé d'honneurs, laissait agir ses officiers et se bornait à repousser l'ennemi [5].

5 Ces événements eurent lieu sous deux propréteurs, pendant plusieurs années ; je les ai réunis [6], pour éviter que, séparés, ils ne laissent un souvenir sans rapport avec leur importance. Je reviens à l'ordre des temps.

41. 1 Sous le consulat de Ti. Claudius, pour la cinquième fois, et de Servius Cornelius Orfitus [7], on fit prendre avant l'âge [8] la toge virile à Néron, pour qu'il parût apte à assumer la gestion des affaires publiques ; et César accorda volontiers aux adulations du sénat que Néron accédât au consulat dans sa vingtième année et que jusque-là, en qualité de consul désigné, il reçût le pouvoir proconsulaire hors de la Ville [9] et fût appelé prince de la jeunesse [10]. On fit aussi en son nom une distribution

1. Cette indication ne figure pas dans les *Histoires*, où est toutefois dénoncée la cruauté de la reine.

2. Comme cette coutume était répandue en Bretagne (cf. XIV, 35, 1), il s'agit ici d'un cas particulier.

3. Expression originale ; cf. *H.*, III, 55, 1 : *lecta equis uirisque.*

4. D'après *H.*, III, 45, si Cartimandua fut sauvée, Venutius, soutenu par les Brigantes, conserva le royaume et poursuivit la lutte contre les Romains ; cf. *Agr.*, 71, 1.

5. Effets de chiasme et d'assonance entre *agere* et *arcere.*

6. De même VI, 38, 1 ; XIII, 9, 3. Cf. t. I, *Intr.*, p. XXXVIII.

7. Salvidienus. Cf. XVI, 12, 2. En 51.

8. Au moins 14 ans ; Néron n'en avait que 13 : cf. 25, 2.

9. Cf. XIII, 21, 3. Tibère avait partagé les deux titres entre Drusus et Germanicus, I, 14, 3.

10. A l'exemple de C. et de L. César : cf. I, 3, 2.

quos Venutii intercepit. Inde accensi hostes, stimulante ignominia, ne feminae imperio subderentur, ualida et lecta armis iuuentus regnum eius inuadunt. Quod nobis praeuisum, et missae auxilio cohortes acre proelium fecere, cuius initio ambiguo finis laetior fuit. 4 Neque dispari euentu pugnatum a legione, cui Caesius Nasica praeerat; nam Didius, senectute grauis et multa copia honorum, per ministros agere et arcere hostem satis habebat.

5 Haec, quamquam a duobus [Ostorio Didioque] pro praetoribus plures per annos gesta, coniunxi, ne diuisa haud perinde ad memoriam sui ualerent. Nunc ad temporum ordinem redeo.

41. 1 T*i*. Claudio quintum, Seruio Cornelio Orfito consulibus, uirilis toga Neroni maturata, quo capessendae rei publicae habilis uideretur; et Caesar adulationibus senatus libens cessit, ut uicesimo aetatis anno consulatum Nero iniret atque interim designatus proconsulare imperium extra Vrbem haberet ac princeps iuuentutis appellaretur. Additum nomine eius

3 stimulante ignominia *M recc.* : i- s- *L recc.* i- stipulante *rec.* || regnum *codd.* : regiam *Nipperdey* || praeuisum *M recc.* : prouisum *L recc.* peruisum *rec.* || initio ambiguo *codd.*, *Koestermann* (*cf. Sall.*, *Cat.*, 11, 4) : initium ambiguum *C. Meiser*.

4 pugnatum *M recc.* : p- est *L recc.* -antium *rec.*

5 ostorio didioque *del. Freinsheim* : o- d- *L recc.* ostrio d- *M recc.* hostorio d- *recc.* oschorio didio quae *rec.* octorio d- *rec.* hostrio d- *rec.* d- *recc.* || perinde *recc.*, *Puteol.* : proinde *ML recc.* || nunc ad *L recc.* : ad *M recc.*

41, 1 Ti. *edd.* : T.I. *M* t.l. *recc.* tiberio *L recc.* tito *recc.* || quintum *M recc.* : -to *L recc.* || seruio *M recc.* : seruilio *L rec.* serino *rec.* || orfito *ML' recc.* : orphito *recc.* orfico *rec.* orsito *rec.* quarto *L recc.* quartum *recc.* *secl. Ritter*.

d'argent aux soldats, de vivres à la plèbe [1]. 2 Et dans les jeux du cirque, qui étaient donnés pour lui gagner les sympathies de la foule, Britannicus défila en robe prétexte, Néron en habit triomphal [2] ; ainsi le peuple pouvait les contempler, l'un dans l'éclat du commandement, l'autre dans le costume de l'enfance, et pressentir en conséquence la destinée de chacun [3]. En même temps, ceux des centurions et des tribuns qui prenaient en pitié le sort de Britannicus furent éloignés pour des raisons fictives, certains sous prétexte d'avancement ; même parmi les affranchis, ceux qui lui gardaient une foi incorruptible sont chassés [4], dans les circonstances suivantes. 3 Les deux frères s'étant rencontrés, Néron salua Britannicus par son nom, l'autre l'appela Domitius [5]. Voulant voir là un début de discorde, Agrippine dénonce le fait à son mari avec force plaintes : on méprisait donc l'adoption ; un acte voté par le sénat, ordonné par le peuple [6], était abrogé en privé ; si l'on ne réprime pas la perversité de ceux qui donnent de telles leçons de haine, ce mal éclatera pour la ruine de l'État. Vivement ému par ces paroles, qu'il prend pour des griefs, Claude punit de l'exil ou de la mort [7] les meilleurs éducateurs de son fils, et lui impose des surveillants choisis par une marâtre.

42. 1 Cependant Agrippine n'osait pas encore aller jusqu'au bout [8], tant que les cohortes prétoriennes restaient confiées aux soins de Lusius Geta [9] et de Rufrius Crispinus [10], qu'elle croyait dévoués au souvenir de Messa-

1. Cf. Suétone, *Nér.*, 7, 2. Distributions semblables : 69, 2 ; XIV, 11, 1 ; — III, 29, 3 ; XIII, 31, 2.
2. En vertu de son *imperium proconsulare.*
3. Cf. XI, 11, 2.
4. Après les esclaves mentionnés 26, 2.
5. Nom antérieur à son adoption : cf. 3, 2 ; 26, 1. D'après Suétone, *Nér.*, 7, 1, il l'aurait appelé Ahenobarbus.
6. Cf. 25, 2 ; — 26, 1.
7. Notamment Sosibius. Cf. XI, 1, 1. Dion, LX, 32, 5.
8. Progression dramatique ; cf. 3, 2 : *struere maiora.*
9. Cf. XI, 31, 1.
10. Cf. XI, 1, 3.

donatiuum militi, congiarium plebei. 2 Et ludicro circensium, quod adquirendis uulgi studiis edebatur, Britannicus in praetexta, Nero triumphalium ueste trauecti sunt : spectaret populus hunc decore imperatorio, illum pueri habitu, ac perinde fortunam utriusque praesumeret. Simul qui centurionum tribunorumque sortem Britannici miserabantur, remoti fictis causis et alii per speciem honoris ; etiam libertorum si quis incorrupta fide, depellitur tali occasione. 3 Obuii inter se, Nero Britannicum nomine, ille Domitium salutauere. Quod, ut discordiae initium, Agrippina multo questu ad maritum defert : sperni quippe adoptionem, quaeque censuerint patres, iusserit populus, intra penates abrogari ; ac, nisi prauitas tam infensa docentium arceatur, eruptura in publicam perniciem. Commotus his, quasi criminibus, optimum quemque educatorem filii exilio aut morte adficit, datosque a nouerca custodiae eius imponit.

42. 1 Nondum tamen summa moliri Agrippina audebat, ni praetoriarum cohortium cura exsoluerentur Lusius Geta et Rufrius Crispinus, quos Messalinae

1 congiarium plebei *M recc.* : c- plebeis *L'* plebeis c- *L.*

2 ludicro *M recc.* : -ra *L* || triumphalium *ML recc.* : in t- *recc.* triumphali *recc., Gryphius* (*cf.* I, 15, 2) || trauecti *M'* : -tis *M* transu- *L recc.* || pueri *ML recc.* : -ili *M'' recc.* || remoti *L recc.* : -is *M recc.*

3 ad maritum defert *ML'* : d- ad m- *L* ad m- reffert *rec.* || infensa *M recc.* : impensa *L recc., Weiskopf* (*fort. recte*) || eruptura *M recc.* : -am *L* arrup- *rec.* scrip- *rec.* || his *recc.* : is *M recc.* iis *L* || aut *recc., Petersen* : ac *ML recc.*

42, 1 Rufrius *Halm* : rufius *M recc.* rufrus *rec.* ruffius *recc.* ruffus *L recc.*

line et attachés à ses enfants. Aussi, affirmant à son époux que les cohortes sont divisées par la rivalité de deux chefs et que, si un seul les dirigeait, la discipline serait plus ferme, fait-elle transférer le commandement des cohortes à Burrus Afranius[1], qui avait une brillante réputation militaire, mais qui savait par quelle volonté il était mis à leur tête. 2 Agrippine cherchait aussi à rehausser le faîte de sa grandeur : elle entrait en char au Capitole[2], honneur réservé de tout temps aux prêtres[3] et aux objets sacrés, qui amplifiait les marques de respect à l'égard d'une femme, fille d'un *imperator*[4], sœur, épouse et mère des souverains du monde[5], exemple unique à ce jour. 3 Sur ces entrefaites, son principal partisan[6], Vitellius, au plus fort de son crédit, à la fin de sa vie — tant est incertaine la fortune des puissants ! — est frappé d'une accusation, sur le rapport du sénateur Junius Lupus[7]. Celui-ci le dénonçait comme coupable de lèse-majesté et lui reprochait de convoiter l'empire ; et Claude aurait prêté l'oreille, si les menaces plus encore que les prières d'Agrippine n'avaient changé ses dispositions, au point qu'il prononça contre l'accusateur l'interdiction de l'eau et du feu. C'est tout ce que Vitellius avait voulu.

43. 1 Beaucoup de prodiges eurent lieu cette année-là[8]. On vit des oiseaux de mauvais augure perchés sur le Capitole, des maisons versées par de fréquents tremblements de terre et, da la panique causée par la crainte de désastres plus étendı les faibles écrasés par la foule ;

1. Sextus. Procurateur im al. Cf. XIII, 2-XIV, 60. Josèphe, *Ant.*, XX, 152. Dion, LXI, *C.I.L.*, XII, 5842 (patron de Vaison).
2. Par décret du sénat, d'après X, 33, 2.
3. Cf. Horace, *Od.*, III, 30, 8.
4. Germanicus ; cf. I, 58, 5 ; XII, 37,
5. Caligula, Claude et Néron.
6. Allitération expressive.
7. Inconnu par ailleurs.
8. Cf. 64, 1. Pline, *H.N.*, II, 99.

memores et liberis eius deuinctos credebat. Igitur distrahi cohortes ambitu duorum et, si ab uno regerentur, intentiorem fore disciplinam adseuerante uxore, transfertur regimen cohortium ad Burrum Afranium, egregiae militaris famae, gnarum tamen cuius sponte praeficeretur. 2 Suum quoque fastigium Agrippina extollere altius : carpento Capitolium ingredi, qui *hon*os, sacerdotibus et sacris antiquitus concessus, uenerationem augebat feminae, quam imperatore genitam, sororem eius qui rerum potitus sit et coniugem et matrem fuisse, unicum ad hunc diem exemplum est. 3 Inter quae, praecipuus propugnator eius, Vitellius, ualidissima gratia, aetate extrema — adeo incertae sunt potentium res — accusatione corripitur, deferente Iunio Lupo, senatore. Is crimina maiestatis et cupidinem imperii obiectabat ; praebuissetque aures Caesar, nisi Agrippinae minis magis quam precibus mutatus esset, ut accusatori aqua atque igni interdiceret. Hactenus Vitellius uoluerat.

43. 1 Multa eo anno prodigia euenere. Insessum diris auibus Capitolium, crebris terrae motibus prorutae domus ac, dum latius metuitur, trepidatione uulgi inualidus quisque obtriti ; frugum quoque egestas

1 praeficeretur *L recc.* : prof- *M recc.* profiteretur *recc.* proficerent *rec.*

2 agrippina extollere altius *ML' recc.* : e- a- ag- *L* || honos *Orsini* : mos *codd.* || sororem *M recc.* : sororemque *L recc.*

3 accusatori *M recc.* : -or *L* || interdiceret *M recc.* : -etur *L recc.* interdicat *recc.*

43, 1 prorutae *L rec.*, *Lips.* : -upt(a)e *M recc.* || inualidus *codd.* : inualidissimus *Woelfflin* || obtriti *M recc.* : obtritus *L recc.* territi *M'*.

la disette de grains [1] et la famine qui en résulta passaient aussi pour des présages funestes. On ne se borna pas à des plaintes secrètes ; pendant que Claude rendait la justice, il fut environné de cris séditieux, poussé jusqu'à l'extrémité du forum et violemment bousculé, jusqu'au moment où un peloton de soldats lui permit de percer cette multitude hostile [2]. 2 Il ne restait dans la Ville que pour quinze jours de vivres, le fait est attesté, et il fallut l'insigne bonté des dieux [3] et la clémence de l'hiver pour écarter les pires extrémités. Mais, par Hercule ! autrefois l'Italie expédiait des vivres aux légions dans les provinces lointaines, et maintenant encore elle ne souffre pas de stérilité [4] ; mais nous cultivons de préférence l'Afrique et l'Égypte, abandonnant aux navires et aux hasards la vie du peuple romain [5].

44. 1 La même année, une guerre, survenue entre les Arméniens et les Hibériens, s'étendit aux Parthes et aux Romains et provoqua entre eux des troubles très graves. 2 Le peuple des Parthes était gouverné par Vologèse [6], qui, né, du côté maternel, d'une concubine grecque, avait obtenu de ses frères l'accès au trône ; sur les Hibériens régnait Pharasmanès, par droit d'héritage, sur les Arméniens son frère Mithridatès, grâce à notre protection [7]. 3 Il y avait un fils de Pharasmanès, nommé Radamiste, d'une taille majestueuse, d'une vigueur exceptionnelle, rompu aux exercices de son pays et jouissant d'une éclatante renommée chez les peuples voisins. Il trouvait que le modeste royaume d'Hibérie était accaparé par la vieillesse de son père et il le proclamait trop hardiment et trop fréquemment pour pouvoir dissimuler sa convoitise. 4 Aussi Pharasmanès,

1. Fréquente à Rome : cf. XI, 4, 2. Dion, LX, 11.
2. Même anecdote, avec des variantes, Suétone, *Cl.*, 18, 2.
3. Sur ce jugement favorable, cf. t. I, *Intr.*, p. xxxv.
4. Mais Pline, *H.N.*, XVIII, 35, incrimine les *latifundia.*
5. De même III, 54, 4.
6. Cf. 14, 4. Frère de Tiridate (50) et de Pacorus (XV, 2).
7. Cf. XI, 8-9.

et orta ex eo fames in prodigium accipiebatur. Nec occulti tantum questus ; sed iura reddentem Claudium circumuasere clamoribus turbidis pulsumque in extremam fori partem ui urguebant, donec militum globo infensos perrupit. 2 Quindecim dierum alimenta Vrbi, non amplius, superfuisse constitit, magnaque deum benignitate et modestia hiemis rebus extremis subuentum. At hercule ! olim Italia *l*egionibus longinquas in prouincias commeatus portabat, nec nunc infecunditate laboratur ; sed Africam potius et Aegyptum exercemus, nauibusque et casibus uita populi Romani permissa est.

44. 1 Eodem anno, bellum inter Armenios Hiberosque exortum Parthis quoque ac Romanis grauissimorum inter se motuum causa fuit. 2 Genti Parthorum Vologaeses imperitabat, materna origine ex paelice Graeca, concessu fratrum regnum adeptus ; Hiberos Pharasmanes, uetusta possessione, Armenios frater eius, Mithridates, obtinebat, opibus nostris. 3 Erat Pharasmanis filius, nomine Radamistus, decora proceritate, ui corporis insignis et patrias artes edoctus, claraque inter accolas fama. Is modicum Hiberiae regnum senecta patris detineri ferocius crebriusque iactabat quam ut cupidinem occultaret. 4 Igitur

1 urguebant *M rec.* : urge- *L recc.* iunge- *rec.*

2 subuentum *V58 L recc.* : -nientum *M rec.* -niendum *recc.* || italia *M recc.* : -iae *L recc.* || legionibus *Ernesti* : re- *codd.* || portabat *M recc.* : -bant *recc.* -bantur *L.*

44, 3 pharasmanis (*vel* fa-) *ML recc.* : -ni *recc., Puteol.* (*fort. recte*) farasimenis *rec.*

craignant un jeune homme avide du pouvoir et entouré par la sympathie de la population, alors que lui-même était sur le déclin de l'âge, l'attirait-il vers un autre espoir et lui faisait-il miroiter l'Arménie, en lui rappelant que, après avoir expulsé les Parthes, il l'avait donnée lui-même à Mithridatès[1] ; mais il fallait différer l'emploi de la force et préférer la ruse, pour écraser Mithridatès sans qu'il fût sur ses gardes. 5 Ainsi Radamiste, simulant une discorde avec son père et feignant de ne pouvoir résister aux haines d'une marâtre, se rend chez son oncle ; reçu par lui avec une grande bienveillance et traité comme un fils, il excite à la révolution les grands d'Arménie, à l'insu de Mithridatès, qui, mieux encore, le comblait de bienfaits.

45. 1 Prenant prétexte d'une réconciliation, il retourne chez son père et l'informe que tout ce qu'on pouvait effectuer par la ruse est prêt et que le reste doit être exécuté par les armes. Pendant ce temps, Pharasmanès imagine des motifs de guerre : alors qu'il combattait le roi des Albaniens et appelait les Romains à son secours[2], il avait trouvé en son frère un adversaire, et il allait tirer vengeance de cette insulte en le faisant périr ; en même temps, il confia des troupes nombreuses à son fils. 2 Celui-ci, par une soudaine irruption, effraya Mithridatès, le chassa des plaines et le repoussa dans le fort de Gorneas[3], défendu par sa position et par une garnison sous les ordres du préfet Caelius Pollio[4] et du centurion Casperius[5]. 3 Rien d'aussi inconnu aux barbares que l'usage des machines[6] et la tactique des prises d'assaut,

1. Cf. VI, 32-33.
2. Cet épisode ne figure pas ailleurs, alors que Tacite mentionne en 35 (VI, 33, 2) l'alliance de Pharasmanès avec les Albaniens contre les Parthes.
3. Situé à l'E. d'*Armauira* (Eriwan), il devait contenir, selon E. Koestermann, *Komm.*, p. 186, le trésor royal.
4. Chef d'une cohorte auxiliaire. Cf. Dion, LXI, 6, 6.
5. Cf. XV, 5, 2 et peut-être *H.*, III, 73, 2 : Casperius Niger.
6. Cf. Sénèque, *Dial.*, VII, 26, 3 : *barbari ignari machinarum.*

Pharasmanes iuuenem, potentiae promptum et studio popularium accinctum, uergentibus iam annis suis, metuens, aliam ad spem trahere et Armeniam ostentare, pulsis Parthis datam Mithridati a semet memorando ; sed uim differendam et potiorem dolum, quo incautum opprimerent. 5 Ita Radamistus, simulata aduersus patrem discordia, tamquam nouercae odiis impar, pergit ad patruum, multaque ab eo comitate in speciem liberum cultus, primores Armeniorum ad res nouas inlicit, ignaro et ornante insuper Mithridate.

45. 1 Reconciliationis specie adsumpta regressusque ad patrem, quae fraude confici potuerint, prompta nuntiat, cetera armis exsequenda. Interim Pharasmanes belli causas confingit : proelianti sibi aduersus regem Albanorum et Romanos auxilio uocanti fratrem aduersatum, eamque iniuriam excidio ipsius ultum iturum ; simul magnas copias filio tradidit. 2 Ille inruptione subita territum exutumque campis Mithridaten compulit in castellum Gorneas, tutum loco ac praesidio militum, quis Caelius Pollio, praefectus, centurio Casperius praeerat. 3 Nihil tam ignarum barbaris quam machinamenta et astus oppugnationum ; at

4 promptum *Lips.* : -t(a)e *codd.* properum *Freinsheim* (*cf.* IV, 59, 3).

5 cultus *L recc.* : -tum *M recc.* || ignaro *M recc.* : g- *L rec.* || ornante *Lips.* : orante *ML* ignorante *recc.*

45, 1 quae *L* : qua *M recc.* || potuerint *M recc.* : -rit *recc.* -rant *L* || prompta *ML recc.* : -te *M' recc.* || aduersatum *M recc.* : auer- *L* || tradidit *M recc.* : tradit *L recc.*

2 praeerat *codd.* : praeerant *Halm.*

3 at ...est *codd.* : *secl. Haase.*

alors que cette partie de l'art militaire nous est très bien connue [1]. Aussi Radamiste, après avoir attaqué en vain ou avec pertes les fortifications, commence-t-il le siège. 4 Et, renonçant à la violence, il achète [2] la cupidité du préfet, malgré les protestations de Casperius, demandant qu'un roi allié, que l'Arménie, présent du peuple romain [3], ne soient pas abattus par un crime et pour de l'argent. Enfin, comme ils alléguaient, Pollio le grand nombre des ennemis, Radamiste les ordres de son père, il convient d'une trêve et se retire, avec l'intention, au cas où il ne pourrait détourner Pharasmanès de la guerre, d'informer Ummidius Quadratus [4], gouverneur de Syrie [5], de la situation en Arménie.

46. 1 Délivré comme d'un surveillant par le départ du centurion, le préfet exhorte Mithridatès à conclure un traité, en invoquant les liens de la fraternité, la priorité en âge de Pharasmanès et tous les autres titres de parenté, puisqu'il avait épousé sa fille et que lui-même était le beau-père de Radamiste ; les Hibériens ne refusaient pas la paix, bien qu'ils fussent pour le moment plus puissants ; on connaissait assez la perfidie des Arméniens [6], et il n'avait d'autre appui qu'un fort, dépourvu de vivres ; il ne devait pas préférer les hasards des armes à des stipulations sans effusion de sang [7]. 2 Alors que Mithridatès hésitait devant ces argu-

1. Cf. 16, 2. Le contexte et la disposition en chiasme des deux adjectifs *ignaram* et *gnara* semblent exclure l'hypothèse d'une glose.

2. Même verbe 14, 1 ; XIII, 44, 1 ; XVI, 1, 1.

3. Cf. 44, 2.

4. Caius. Successeur de C. Cassius comme légat de Syrie (cf. 11, 3), il mourut dans ce poste peu avant 60. Cf. 48, 1 ; 54, 3 ; XIII, 8-9 ; XIV, 26, 2. *C.I.L.*, X, 5182.

5. Même formule VI, 41, 1.

6. Cf. 44, 5. La même critique leur est adressée II, 3, 1 ; 56, 1 ; XIII, 34, 2.

7. Même adjectif II, 46, 2 ; XIII, 37, 5.

nobis ea pars militiae maxime gnara est. Ita Radamistus, frustra uel cum damno temptatis munitionibus, obsidium incipit. 4 Et, cum uis neglegeretur, auaritiam praefecti emercatur, obtestante Casperio, ne socius rex, ne Armenia, donum populi Romani, scelere et pecunia uerterentur. Postremo, quia multitudinem hostium Pollio, iussa patris Radamistus obtendebant, pactus indutias, abscedit, ut, nisi Pharasmane*n* bello absterruisset, *V*mmidium Quadratum, praesidem Syriae, doceret quo in statu Armenia foret.

46. 1 Digressu centurionis uelut custode exsolutus, praefectus hortari Mithridaten ad sanciendum foedus, coniunctionem fratrum ac priorem aetate Pharasmanen et cetera necessitudinum nomina referens, quod filiam eius in matrimonio haberet, quod ipse Radamisto socer esset ; non abnuere pacem Hiberos, quamquam in tempore ualidiores ; et satis cognita*m* Armeniorum perfidiam, nec aliud subsidii quam castellum, commeatu egenum ; ne dubi*a* *ten*tare armis quam incruentas condiciones mallet. 2 Cunctante ad ea Mithridate et

4 neglegeretur *M rec.* : neglig - *L recc.* || pecunia *L recc.* : -am *M recc.* || uerterentur *V58 L recc.* : uterentur *M rec.* uendere(n)-tur *recc.* || Pharasmanen *Andresen* : -nem *M* phrasamenem *L* || Vmmidium *Ritter* : tummidium *M recc.* t. umidium *recc.* t. humidium *rec.* t. uinidium *rec.* tum umidium *L* tum mid(i)um *recc.* tum nudium *recc.* || armenia *L recc.* : -iae *M recc.* -iam *rec.*

46, 1 in *M recc.* : *om. L recc.* || cognitam *Lips.* : -ta *codd.* || perfidiam *M* : -dia *L recc.* praesidia *rec.* || commeatu *L recc.* : -tum *M rec.* -tuum *recc.* commeatibus *Andresen* (*cf.* XV, 12, 1) || dubia tentare *Sirker* : dubitare *M recc.* dubiam rem *L* dubitaret *recc.*, *Groslot* || quam *codd.* : *del. Groslot* || mallet *L*, *Sirker* : malle *M recc.*, *Groslot*.

ments et jugeait suspects les avis du préfet, qui avait séduit une concubine royale et qui passait pour être prêt à toute vilenie contre de l'argent, Casperius, pendant ce temps, parvient chez Pharasmanès et insiste pour que les Hibériens lèvent le siège. 3 L'autre lui adresse en public des réponses ambiguës, souvent même doucereuses [1], mais il envoie en secret des messagers avertir Radamiste de hâter la prise du fort par n'importe quel moyen. On augmente le salaire du crime, et Pollio, pratiquant dans l'ombre la corruption des soldats, les pousse à réclamer la paix et à menacer d'abandonner leur poste. Cédant à la nécessité, Mithridatès, après avoir accepté un jour et un lieu pour le traité, sort de la forteresse.

47. 1 Tout d'abord Radamiste se jette dans ses bras [2], en feignant le respect, en l'appelant beau-père et père ; il ajoute le serment de ne lui faire violence ni par le fer, ni par le poison. En même temps, il l'entraîne dans un bois sacré du voisinage, en déclarant à maintes reprises qu'il y avait prévu les apprêts d'un sacrifice [3], pour que les dieux fussent témoins de la paix à sceller. 2 Les rois ont coutume [4], quand ils concluent une alliance [5], de se prendre la main droite [6] et de s'attacher ensemble les pouces par un nœud très serré ; puis, lorsque le sang s'est porté aux extrémités des membres [7], ils le font jaillir [8] par une légère piqûre et chacun suce celui de l'autre.

1. Même terme *H.*, IV, 32, 3.
2. Tournure poétique ; cf. Lucain, IV, 176 : *in amplexus effusas tendere palmas.*
3. Expression semblable XIII, 17, 1 : *prouiso ante funebri paratu.*
4. Cette coutume est attestée en Arménie par Valère Maxime, IX, 11, extr. 3, chez les Mèdes et les Scythes par Hérodote, I, 74, 6 ; IV, 70, 1.
5. Tournure poétique ; cf. Virgile, *En.*, VII, 546 : *in amicitiam* ; XI, 292 : *in foedera.*
6. De même XI, 9, 3.
7. La construction du verbe reste incertaine.
8. Seul emploi chez Tacite de ce verbe médical.

suspectis praefecti consiliis, quod paelicem regiam polluerat inque omnem libidinem uenalis habebatur, Casperius interim ad Pharasmanen peruadit utque Hiberi obsidio decedant expostulat. 3 Ille, propalam incerta et saepius molliora respondens, secretis nuntiis monet Radamistum oppugnationem quoquo modo celerare. Augetur flagitii merces, et Pollio occulta corruptione impellit milites ut pacem flagitarent seque praesidium *om*iss*u*ros minitarentur. Qua necessitate Mithridates diem locumque foederi accepit, castelloque egreditur.

47. 1 Ac primo Radamistus, in amplexus eius effusus, simulare obsequium, socerum ac parentem appellare; adicit ius iurandum non ferro, non ueneno uim adlaturum. Simul in lucum propinquum trahit, prouisum illic sacrifici*i* *pa*ratum dictitans, ut diis testibus pax firmaretur. 2 Mos est regibus, quotiens in societatem coeant, implicare dextras pollicesque inter se uincire nodoque *prae*stringere; mox, ubi sanguis [in] artus extremos suffuderit, leui ictu cruorem eliciunt atque

2 expostulat *L' recc.* : -ant *ML recc.* exposcit *recc.*

3 molliora *M recc.* : meliora *L recc.* || omissuros *Freinsheim* (*cf.* IV, 51, 2) : ammis | *M* tradituros *L* (h)abituros *recc.* animis *recc.* com(m)inus *recc.* quominus *rec.* amissuros *C.F.W. Mueller.*

47, 1 radamistus *L recc.* : faram- *M recc.* || sacrificii paratum *Pflugk* : sacrificium imperatum *codd.*, *Walther* sacrificum paratum *Bezzenberger* sacrificii apparatum *Ritter.*

2 societatem *L recc.* : -ate *M recc.* || dextras *M recc.* : dexteras *L* || praestringere *ed. Frobenia* : pers- *codd.* || mox ubi *M recc.* : ubi mox *L recc.* ubi mos *rec.* || artus extremos suffuderit *Heins. Weiskopf* : in a- e- s- *ML recc.* in a- e- se effuderit *recc.* e- in a- s- *rec.* in artus se extremos suffuderit *Jac. Gronov. Koestermann* in artus extremos se suffuderit *Ritter.*

Ce genre de traité passe pour avoir une vertu secrète [1], comme si l'effusion mutuelle du sang le consacrait. 3 Mais alors, celui qui appliquait les liens, simulant une chute, saisit les genoux de Mithridatès et le renverse lui-même ; aussitôt plusieurs se précipitent et le chargent de chaînes ; et, les fers aux pieds, ce qui est un déshonneur pour les barbares, on l'entraînait. 4 Et voici que la foule, traitée durement sous son règne [2], lui lançait des injures et des coups. Il y en avait aussi, par contre, dont un tel changement de fortune excitait la pitié ; sa femme suivait avec ses enfants en bas âge et faisait tout retentir de ses lamentations [3]. On les cache séparément dans des chariots couverts, en attendant d'avoir pris les ordres de Pharasmanès. 5 Chez lui, la passion du pouvoir comptait plus qu'un frère et une fille, et son âme était prête aux crimes [4] ; cependant il s'épargna le spectacle de leur mise à mort sous ses yeux. De son côté, Radamiste, comme s'il se rappelait son serment, n'emploie ni le fer ni le poison contre sa sœur et son oncle, mais il les fait jeter à terre et étouffer sous un amas de lourdes couvertures. Les fils mêmes de Mithridatès, pour avoir versé des larmes sur le meurtre de leurs parents [5], furent égorgés.

48. 1 Mais Quadratus [6], apprenant que Mithridatès avait été trahi et que son royaume était aux mains des meurtriers, convoque son conseil, expose les faits et met en délibération l'idée d'une vengeance. Peu avaient souci de l'honneur public, la plupart recommandent

1. Même adjectif II, 54, 3 ; *G.*, 18, 2 ; 40, 4.
2. Cf. XI, 9, 2. Tournure empruntée à Salluste, *Jug.*, 64, 5 ; 89, 4 ; 92, 2 : cf. G. B. A. Fletcher, *Annotations*, p. 39.
3. Allitération expressive.
4. Il fit même périr ultérieurement son fils Radamiste pour plaire aux Romains : cf. XIII, 37, 3.
5. Tacite a relaté un fait semblable à Rome sous le règne de Tibère, VI, 10, 1.
6. Cf. 45, 4.

inuicem lambunt. Id foedus arcanum habetur, quasi mutuo cruore sacratum. 3 Sed tunc qui ea uincla admouebat, decidisse simulans, genua Mithridatis inuadit ipsumque prosternit ; simulque concursu plurium iniciuntur catenae, ac compede, quod dedecorum barbaris, trahebatur. 4 Moxque uulgus, duro imperio habitum, probra ac uerbera intentabat. Et erant contra qui tantam fortunae commutationem miserarentur ; secutaque cum paruis liberis coniunx cuncta lamentatione complebat. Diuersis et contectis uehiculis abduntur, dum Pharasmanis iussa exquirerentur. 5 Illi cupido regni fratre et filia potior, animusque sceleribus paratus ; uisui tamen consuluit, ne coram interficeret. Et Radamistus, quasi iuris iurandi memor, non ferrum, non uenenum in sororem et patruum expromit, sed proiectos in humum et ueste multa grauique opertos necat. Filii quoque Mithridatis, quod caedibus parentum inlacrimauerant, trucidati sunt.

48. 1 At Quadratus, cognoscens proditum Mithridaten et regnum ab interfectoribus obtineri, uocat consilium, docet acta et an ulcisceretur consultat. Paucis decus publicum curae, plures tuta disserunt :

3 compede *Lips.* : -des *codd.*

4 moxque uulgus *recc.*, *Nipperdey Weiskopf* : mox quia u- *M recc.* mox uulgus quia *L*, *Koestermann* || habitum *V58 L recc.* : -tu *M recc.* -to *recc.* || ac *M recc.* : atque *L recc.* || contra *V58 recc.* : ec- *ML recc.* e contrario *Baiter.*

5 interficeret *M recc.* : -retur *L recc.* || iuris *recc.* : ius *ML recc.*

48, 1 ulcisceretur *M recc.* : ulciscatur *L* (*fort. recte*).

la prudence : 2 Tout crime étranger devait être accueilli avec joie ; il fallait même jeter des semences de haine [1], à l'exemple des empereurs romains, qui avaient souvent offert cette même Arménie [2], sous l'apparence d'une largesse, comme matière à discordes pour des âmes barbares ; que Radamiste jouisse d'un bien mal acquis, pourvu qu'il soit haï, honni [3] ; cela servirait mieux nos intérêts que s'il l'avait obtenu dans la gloire. Cet avis prévalut [4]. 3 Cependant, pour ne pas sembler avoir approuvé un forfait et pour éviter des instructions contraires de César, on envoya des messagers à Pharasmanès, avec ordre de quitter le territoire de l'Arménie et d'en éloigner son fils.

49. 1 La Cappadoce [5] avait pour procurateur Julius Paelignus [6], auquel la lâcheté de son âme et la difformité de son corps valaient un égal mépris, mais qui avait été un familier intime de Claude à l'époque où celui-ci, simple particulier, charmait dans la fréquentation des bouffons la paresse de ses loisirs [7]. Ce Paelignus lève parmi les provinciaux des troupes auxiliaires, comme pour reconquérir l'Arménie ; mais, comme il pille les alliés plutôt que les ennemis, abandonné des siens et privé de ressources devant les incursions des barbares, il se rend chez Radamiste ; gagné par ses présents, il va jusqu'à l'exhorter à prendre l'insigne royal [8] et il assiste à son couronnement comme garant et garde du corps. 2 Quand cette nouvelle fut divulguée pour sa honte, afin d'éviter qu'on ne juge de tous les autres Romains d'après Paelignus, le légat

1. De même II, 26, 3 ; *G.*, 33. Cf. R. Syme, *Tacitus*, p. 497.
2. Cf. II, 3, 2 ; 4, 1 ; 56, 3 ; VI, 32, 3 ; XI, 8, 1 ; XIII, 34, 2.
3. L'asyndète renforce l'allitération.
4. Expression technique empruntée aux débats sénatoriaux.
5. Voisine de l'Arménie, cette province, créée par Tibère (cf. II, 42, 4), n'avait encore pour gouverneur qu'un procurateur équestre, sans légion : cf. Suétone, *Vesp.*, 8, 4.
6. Cf. Dion, LXI, 6, 6.
7. Cf. Suétone, *Cl.*, 5.
8. Le diadème et la tiare. Cf. II, 56, 3.

2 Omne scelus externum cum laetitia habendum ; semina etiam odiorum iacienda, ut saepe principes Romani eandem Armeniam specie largitionis turbandis barbarorum animis praebuerint ; poteretur Radamistus male partis, dum inuisus, infamis, quando id magis ex usu quam si cum gloria adeptus foret. In hanc sententiam itum. 3 Ne tamen adnuisse facinori uiderentur et diuersa Caesar iuberet, missi ad Pharasmanen nuntii, ut abscederet a finibus Armeniis filiumque abstraheret.

49. 1 Erat Cappadociae procurator Iulius P*a*elignus, ignaui*a* animi et deridiculo corporis iuxta despiciendus, sed Claudio perquam familiaris, cum priuatus olim conuersatione scur*rarum* iners otium oblectaret. Is P*a*elignus, auxiliis prouincialium contractis, tamquam recuperaturus Armeniam, dum socios magis quam hostes praedatur, abscessu suorum et incursantibus barbaris praesidii egens, ad Radamistum uenit ; donisque eius euictus, ultro regium insigne sumere cohortatur sumentique adest auctor et satelles. 2 Quod ubi turpi fama diuulgatum, ne ceteri quoque ex P*a*eligno coniectarentur, Heluidius Priscus, legatus,

2 omne *recc., Lips.* : omnis *M* omnes *L recc.* || iacienda *M recc.* : iacentia *L recc.* || poteretur *M* : potir- *L recc.* || adeptus *ML* : depulsus *Nipperdey*.

49, 1 Paelignus *Orelli* : pe- *ML recc.* pell- *rec.* || ignauia *Muret.* : -ui *codd.* || priuatus *L* : -tas *recc.* -tis *M recc.* -ti *rec.* praefatis *rec.* || conuersatione scurrarum *Lips.* : -nes curaret *M recc.* -nes curare *M'* comesationes curas et *L* comesationum curas et *L'* cursationes curaret *recc.* || oblectaret *M recc.* : obiec- *L recc.* || P(a)elignus *codd.* : *del. Freinsheim* (*cf.* IV, 10, 2).

Helvidius Priscus[1] est envoyé[2] avec une légion afin de remédier aux troubles selon les circonstances. Il franchit donc rapidement le mont Taurus et, usant de modération plus que de violence, il avait à peu près rétabli la situation, quand il reçoit l'ordre de rentrer en Syrie, pour ne pas provoquer une guerre avec les Parthes.

50. 1 En effet, Vologèse[3], croyant le moment venu d'envahir l'Arménie, possédée jadis par ses ancêtres[4] et passée par un crime au pouvoir d'un roi étranger, rassemble des troupes et se prépare à placer sur le trône son frère Tiridate[5], pour qu'aucun membre de sa famille ne reste sans royaume[6]. L'arrivée des Parthes suffit pour chasser sans combat les Hibériens, et les villes arméniennes d'Artaxate[7] et de Tigranocerte[8] acceptèrent le joug. 2 Ensuite un hiver rigoureux[9], l'insuffisance des approvisionnements et une épidémie due à cette double cause contraignent Vologèse à renoncer aux avantages acquis. Voyant l'Arménie de nouveau sans maître, Radamiste l'envahit, plus brutal que jamais, à l'idée qu'il marchait contre des rebelles, qui, à l'occasion, se révolteraient encore. De fait, les Arméniens, quoique rompus à la servitude, perdent patience et, les armes à la main, ils investissent le palais.

51. 1 Et Radamiste n'eut d'autre ressource que la vitesse de ses chevaux, qui l'emportèrent, lui et sa femme.

1. Il semble pouvoir s'identifier avec le philosophe stoïcien, gendre de Thrasea, tribun de la plèbe en 56 : cf. XIII, 28, 3. E. Koestermann, *Komm.*, p. 193.
2. Par Quadratus.
3. Cf. 14, 4 ; 44, 2. Cette invasion date de 53.
4. Les Arsacides, souvent évoqués : cf. XI, 10, 3 ; XII, 10, 1.
5. Cf. 51, 4 ; XIII, 34-XVI, 23.
6. Pacorus régnait sur les Mèdes : cf. 44, 2 ; XV, 2 ; 14 ; 31.
7. La capitale. Cf. II, 56, 3 ; VI, 33, 1 ; XIII, 39, 6 ; 41 ; XIV 23, 1.
8. Dans le S. du pays. Cf. XIV, 23-4 ; XV, 4-5. Pline, *H.N.*, VI, 27.
9. De même 12, 3.

cum legione mittitur, rebus turbidis pro tempore ut consuleret. Igitur, propere montem Taurum transgressus, moderatione plura quam ui composuerat, cum redire in Syriam iubetur, ne initium belli aduersus Parthos exsisteret.

50. 1 Nam Vologaeses, casum inuadendae Armeniae obuenisse ratus, quam a maioribus suis possessam externus rex flagitio obtineret, contrahit copias fratremque Tiridaten deducere in regnum parat, ne qua pars domus sine imperio ageret. Incessu Parthorum sine acie pulsi Hiberi, urbesque Armeniorum Artaxata et Tigranocerta iugum accepere. 2 Deinde atrox hiems et parum prouisi commeatus et orta ex utroque tabes perpellunt Vologaesen omittere praesentia. Vacuamque rursus Armeniam Radamistus inuasit, truculentior quam antea, tamquam aduersus defectores et in tempore rebellaturos. Atque illi, quamuis seruitio sueti, patientiam abrumpunt armisque regiam circumueniunt.

51. 1 Nec aliud Radamisto subsidium fuit quam pernicitas equorum, quis seque et coniugem abstulit.

2 pro tempore ut *M recc., Weiskopf* : ut pro t- *L recc., Koestermann* cum t- ut *rec.* pro t- *rec.* || propere montem taurum *M recc.* : m- t- p- *L recc.* prope m- t- *rec.* propter m- t- *recc.* || redire *L recc., Nipperdey* : rediret *M recc., Halm* || syriam *L recc.* : sir- *M recc.*

50, 2 hiems *L recc.* : hiemps *M recc.* hiepns *rec.* || et *Andresen* : set *M* seu *L recc.* || perpellunt *rec., Rhen.* : percel- *M'L recc.* praecel- *M* || tamquam *recc.* : quamquam *ML recc.* quoniam *L'* || rebellaturos *L' rec., Rhen.* : b- *ML recc.* || circumueniunt *L recc.* : circum ueunt *M* circumeunt *recc.* circumuenerunt *recc.*

2 Mais, si sa femme, qui était enceinte, supporta tant bien que mal le début de la fuite par crainte de l'ennemi et par affection pour son mari, ensuite, comme cette course ininterrompue ébranle son ventre et secoue ses entrailles, elle le supplie de la soustraire par une mort honorable aux outrages de la captivité. 3 Lui commence par l'embrasser, la soutenir, l'exhorter, tantôt admirant son courage, tantôt éperdu de crainte à l'idée de l'abandonner au pouvoir d'un autre. Enfin, poussé par la violence de son amour et habitué aux crimes, il tire son cimeterre [1], la traîne blessée au bord de l'Araxe [2] et la livre au courant du fleuve, pour ravir aussi son corps à l'ennemi ; lui-même se rend précipitamment chez les Hibériens, au royaume de son père. 4 Cependant Zénobie — c'était le nom de la femme —, baignant dans l'eau calme du fleuve débordé, respirait encore et donnait des signes de vie, quand des bergers l'aperçurent, et, jugeant à la noblesse de ses traits qu'elle n'était pas de basse extraction, ils bandent la blessure et y appliquent des remèdes de la campagne ; puis, apprenant son nom et son aventure, ils la transportent dans la ville d'Artaxate ; de là, elle fut conduite par le soin des autorités auprès de Tiridate [3], qui la reçut avec bonté et la traita en reine [4].

52. 1 Sous le consulat de Faustus Sylla [5] et de Salvius Otho, Furius Scribonianus est exilé, sous prétexte qu'il

1. Sabre large, court et incurvé des Perses : cf. Horace, *Od.* I, 27, 5.
2. Ce fleuve longeait les murs d'Artaxate : cf. XIII, 39, 6. Noter le rapprochement des deux verbes *trahit* et *tradit*.
3. Cf. 50, 1 ; XIII, 6, 1. Comme pour la Bretagne (cf. 40, 5), mais sans le préciser, Tacite a réuni pour l'Arménie des événements échelonnés sur plusieurs années, de 51 à 54.
4. Ce récit, tour à tour dramatique et réaliste, sentimental et romanesque, est émaillé de traits stylistiques.
5. Cornelius Felix. Il devint le gendre de Claude, fut exilé en 58 et tué en 62 ; cf. XIII, 23, 1 ; 47 ; XIV, 57, 4. Son collègue, L. Titianus, était le frère du futur empereur Othon ; cf. *Agr.*, 6, 2 ; *H.*, I, 75, 2 ; 77, 2 ; II, 60, 2. Leur consulat date de 52.

2 Sed coniunx, grauida, primam utcumque fugam ob metum hostilem et mariti caritatem tolerauit; post, festinatione continua, ubi quati uterus et uiscera uibrantur, orare ut morte honesta contumeliis captiuitatis eximeretur. 3 Ille primo amplecti, adleuare, adhortari, modo uirtutem admirans, modo timore aeger, ne quis relicta poteretur; postremo, uiolentia amoris et facinorum non rudis, destringit acinacen, uulneratamque ripam ad Araxis trahit, flumini tradit, ut corpus etiam auferretur; ipse praeceps Hiberos ad patrium regnum peruadit. 4 Interim Zenobiam — id mulieri nomen —, placida in *e*luuie spirantem ac uitae manifestam, aduertere pastores, et dignitate formae haud degenerem reputantes, obligant uulnus, agrestia medicamina adhibent, cognitoque nomine et casu, in urbem Artaxata ferunt; unde publica cura deducta ad Tiridaten comiterque excepta, cultu regio habita est.

52. 1 Fausto Sulla, Saluio Othone consulibus, Furius Scribonianus in exilium agitur, quasi finem principis

51, 2 coniunx *L recc.* : coniux *M recc.* || festinatione *M recc.* : -nem *L.*

3 timore *M recc.* : terrore *L recc.* || poteretur *M* : potiretur *V58 L recc.* || ripam ad *ML recc.* : ad r- *V58 recc.* || flumini *M' V58 recc.* : -ne *M recc.* fluminique *L, Koestermann* et f- *rec.* fluuii *rec.* || tradit *ML recc.* : -itam *V58 recc.* traditum *Hanslik* || ut *M recc.* : ne *L recc.* et *rec.* || hiberos ad *ML' recc.* : ad h- *L, Bezzenberger, Koestermann* [hiberos] ad *Ritter C. Heraeus* || patrium *codd.* : patrium in *Heins. Koestermann.*

4 in eluuie *Madvig* : illuuie *ML recc.* illumue *rec.* illine *rec* eluuie *J. F. Gronov.*

52, 1 fausto *M'L* : -tos *M* || sulla *recc.* : sylla *recc.* silla *ML* sullo *recc.*

cherchait à connaître par les Chaldéens[1] la fin du prince. On impliquait dans l'accusation sa mère, Vibia, comme incapable de supporter sa disgrâce antérieure — car elle avait été bannie. 2 Le père de Scribonianus, Camillus[2], avait fomenté une révolte en Dalmatie[3] ; et César se piquait de clémence en épargnant pour la seconde fois une souche ennemie. Cependant l'exilé ne jouit pas longtemps ensuite de la vie ; sa mort fut-elle naturelle ou succomba-t-il au poison, les deux versions, selon la croyance de chacun, se répandirent. 3 Quant aux astrologues, pour les chasser d'Italie[4], on prit un sénatus-consulte rigoureux et sans effet. Ensuite le prince félicita dans un discours ceux qui, devant l'exiguïté de leurs ressources, se retiraient spontanément de l'ordre sénatorial, et il en exclut ceux qui, en voulant y rester, ajoutaient l'impudence à la pauvreté[5].

53. 1 Sur ces entrefaites, il fait un rapport au sénat sur le châtiment des femmes qui auraient commerce avec des esclaves ; et on décide que, si c'est à l'insu du maître qu'elles s'avilissaient ainsi, elles seraient tenues en esclavage, si c'est avec son agrément, elles seraient traitées en affranchies[6]. 2 Comme Pallas avait été indiqué par César comme l'inspirateur de ce rapport, les insignes de la préture et quinze millions de sesterces sont proposés pour lui[7] par le consul désigné Barea Soranus[8] ; Scipio Cornelius[9] y ajouta des remerciements officiels pour avoir, issu des rois d'Arcadie, sacrifié une très ancienne noblesse à l'intérêt de l'État et se laisser compter parmi les serviteurs du prince. 3 Claude assura que,

1. Les astrologues. Cf. II, 27, 2 ; III, 22, 1 ; XII, 22, 1 ; 68, 3.
2. Consul en 32 : cf. VI, 1.
3. A l'avènement de Claude, en 42. Cf. Suétone, *Cl.*, 13.
4. Comme en 16 : cf. II, 32, 3.
5. Cf. I, 75, 3 ; XI, 25, 3.
6. Cf. Gaius, I, 84-86. J. Crook, *Cl. R.*, 17, 1967, p. 7-8.
7. Cf. XI, 29 ; XII, 1-2 ; 25. Pline le Jeune, *Ep.*, VII, 29, 1. Sur la récompense, cf. XI, 4, 3 ; XII, 21.
8. Le futur martyr stoïcien ; cf. XVI, 21 ; 23 ; 30-33.
9. Cf. XI, 2. Il le fait descendre d'un héros mythique !

per Chaldaeos scrutaretur. Adnectebatur crimini Vi*b*ia, mater eius, ut casus prioris — nam relegata erat — impatiens. 2 Pater Scriboniani, Camillus, arma per Dalmatiam mouerat; idque ad clementiam trahebat Caesar, quod stirpem hostilem iterum conseruaret. Neque tamen exuli longa posthac uita fuit; morte fortuita an per uenenum exstinctus esset, ut quisque credidit, uulgauere. 3 De mathematicis Italia pellendis factum senatus consultum atrox et inritum. Laudati dehinc oratione principis qui ob angustias familiares ordine senatorio sponte cederent, motique qui remanendo impudentiam paupertati adicerent.

53. 1 Inter quae, refert ad patres de poena feminarum quae seruis coniungerentur; statuiturque ut, ignaro domino ad id prolapsa, in seruitute, sin consensisset, pro liberta haberetur. 2 Pallanti, quem repertorem eius relationis ediderat Caesar, praetoria insignia et centies quinquagies sestertium censuit consul designatus, Barea Soranus. Additum a Scipione Cornelio grates publice agendas, quod, regibus Arcadiae ortus, ueterrimam nobilitatem usui publico postponeret seque inter ministros principis haberi sineret. 3 Adseuerauit Clau-

1 Vibia *Gryphius* : uiuia *M recc.* uiua *L recc.* iunia *recc.* iulinia *rec.* iuliuia *rec.* Vinicia *Syme.*

2 quisque *M recc.* : quisquis *L recc.* quis *rec.*

3 italia *L recc.* : ita *M recc.*

53, 1 statuiturque *M recc.* : -itque *L recc.* || prolapsa *codd.* : prolapsae *Heins.* (*fort. recte*) || liberta haberetur *L recc.* : -tis -rentur *M recc.* (*fort. recte*).

satisfait de l'honneur [1], Pallas voulait rester dans sa pauvreté première. Et l'on afficha un sénatus-consulte gravé dans le bronze, où un affranchi, possesseur de trois cents millions de sesterces, était comblé d'éloges pour son désintéressement digne des anciens temps [2].

54. 1 Mais son frère, surnommé Felix [3], ne montrait pas la même modération ; depuis longtemps à la tête de la Judée [4], il croyait que tous ses méfaits resteraient impunis grâce au soutien d'une telle puissance. Sans doute les Juifs avaient-ils donné des signes de rébellion, en se soulevant contre [5] ⟨... ; bien que⟩ l'annonce de son meurtre eût dispensé d'obéir, on gardait la crainte qu'un autre prince ne donnât les mêmes ordres. 2 De son côté, Felix, par des remèdes intempestifs [6], attisait le mal, et avec lui rivalisait pour le pire Ventidius Cumanus [7], qui administrait une partie de la province, divisée de telle sorte qu'il avait sous ses ordres les Galiléens et Felix les Samaritains, peuplades anciennement désunies et poussées alors par leur mépris des gouvernants à moins contenir leurs haines. 3 Elles en viennent ainsi à se piller mutuellement, envoyer l'une chez l'autre des bandes de brigands, se dresser des embuscades et parfois se livrer des combats [8] et rapporter les dépouilles et le butin aux procurateurs. Ceux-ci s'en réjouirent d'abord, puis, le mal s'aggravant, ils firent intervenir des troupes, et des soldats furent massacrés. La guerre eût embrasé la province, si Quadratus, gouverneur de

1. Ces propres mots étaient gravés sur sa tombe, d'après Pline le Jeune, *Ep.*, VII, 29, 1.

2. Vive indignation *ibid.*, VIII, 6, 4 sqq. Sur la fortune de Pallas, cf. XIV, 65, 1. Suétone, *Cl.*, 28. Dion, LXII, 14, 3.

3. Affranchi, lui aussi, d'Antonia (cf. XI, 3, 1).

4. Comme procurateur. Selon Josèphe, *Ant.*, XX, 137 ; *B.J.*, II, 247, il aurait succédé à Ventidius. Sur cette divergence, cf. E. Koestermann, *Komm.*, p. 200.

5. Une décision de Caligula ; cf. apparat critique.

6. Cf. Josèphe, *Ant.*, XX, 162 sqq. ; *B.J.*, II, 256.

7. Procurateur depuis 48 ; cf. Josèphe, *Ant.*, XX, 103 sqq.

8. Cf. *ibid.*, XX, 118 sqq.

dius contentum honore Pallantem intra priorem paupertatem subsistere. Et fixum est ⟨in⟩ aere publico senatus consultum, quo libertinus, sestertii ter miliens possessor, antiquae parsimoniae laudibus cumulabatur.

54. 1 At non frater eius, cognomento Felix, pari moderatione agebat, iam pridem Iudaeae impositus et cuncta malefacta sibi impune ratus, tanta potentia subnixo. Sane praebuerant Iudaei speciem motus, orta seditione postquam ⟨... ; ...⟩ cognita caede eius, haud obtemperatum esset, manebat metus, ne quis principum eadem imperitaret. 2 Atque interim Felix intempestiuis remediis delicta accendebat, aemulo ad deterrima Ventidio Cumano, cui pars prouinciae habebatur, ita diuisis ut huic Galilaeorum natio, Felici Samaritae parerent, discordes olim et tum contemptu regentium minus coercitis odiis. 3 Igitur raptare inter se, immittere latronum globos, componere insidias et aliquando proeliis congredi spoliaque et praedas ad procuratores referre. Hique primo laetari, mox, gliscente pernicie, cum arma [militum] interiecissent, caesi milites ; arsissetque bello prouincia, ni Quadratus, Syriae rector,

3 in aere *Andresen* (*cf.* XI, 14, 3) : aere *V58 recc. M*[m] *om. ML recc. lacun. indic. M* || publico *M recc.* : -ce *L recc.*

54, 1 iam pridem *M* : tum primum *L rec.* || potentia *L recc.* : patientia *M recc.* || *post* postquam, *lacun. indic. Acidal.* : a C. Caesare iussi erant effigiem eius in templo locare ; et quamquam *suppl. Haase* (*ex H.*, V, 9, 2) || manebat *M recc.* : monebat *L recc.* mouebat *rec.*

2 cumano *V58 recc. M*[m] : *om. M L recc. lacun. indic. M* || diuisis *M L recc.* : diuisit *recc.* dimisit *rec.* diuisae *J. F. Gronov.*

3 arma *Hartman* : arma militum *codd.*

Syrie[1], ne fût venu à l'aide. 4 Et, à l'égard des Juifs qui s'étaient rués au massacre de nos soldats, on ne tarda pas longtemps à leur infliger le châtiment capital[2]. Cumanus et Felix causaient plus d'embarras, parce que Claude, informé des causes de la révolte, avait donné pouvoir[3] de prononcer même sur les procurateurs. Mais Quadratus présenta Felix parmi les juges en l'accueillant à son tribunal, pour décourager le zèle de ceux qui voulaient l'accuser ; Cumanus fut condamné[4] pour les forfaits que les deux avaient commis, et le calme fut rendu à la province.

55. 1 Peu de temps après, les tribus sauvages de Cilicie connues sous le nom de Ciètes[5], qui s'étaient déjà soulevées en d'autres occasions, conduites alors par Troxobor, vinrent camper sur des montagnes escarpées[6] ; de là elles descendaient sur les côtes ou dans les villes et osaient attaquer les cultivateurs et les citadins et surtout les marchands et les bateliers. 2 Elles assiégèrent même la cité d'Anemurium[7], et des cavaliers envoyés en soutien de Syrie[8] avec le préfet Curtius Severus[9] sont mis en déroute, à cause de l'âpreté du terrain environnant, qui, propice à un combat d'infanterie, ne permettait pas une bataille équestre. Par la suite, le roi de la contrée, Antiochus[10], en usant de flatteries à l'égard de la plèbe et de ruse envers le chef, réussit à désunir les forces

1. Cf. 45, 4 ; 48.
2. Cf. Josèphe, *Ant.*, XX, 129.
3. A Quadratus. Cumanus était peut-être soutenu par Narcisse, rival de Pallas.
4. Il dut rentrer à Rome et fut exilé ; cf. Josèphe, *Ant.*, XX, 132.
5. Cf. VI, 41, 1.
6. Le Taurus ; cf. 49, 2.
7. Aujourd'hui Anamur, sur la côte, en face de Chypre. Cf. Pline, *H. N.*, V, 93.
8. Comme en 36 : cf. VI, 41, 1. La Cilicie n'avait pas de troupes en permanence.
9. Inconnu par ailleurs.
10. Antiochus IV de Commagène. Cf. XIII, 7, 1 ; 37, 3 ; XIV, 26, 2 ; *H.*, II, 81, 1 ; V, 1, 2. Josèphe, *B.J.*, VII, 7, 1-3. Dion, LX, 8, 1.

subuenisset. 4 Nec diu aduersus Iudaeos qui in necem militum proruperant dubitatum quin capite poenas luerent. Cumanus et Felix cunctationem adferebant, quia Claudius, causis rebellionis auditis, ius statuendi etiam de procuratoribus dederat. Sed Quadratus Felicem inter iudices ostentauit, receptum in tribunal, quo studia accusantium deterrerentur ; damnatusque flagitiorum, quae duo deliquerant, Cumanus, et quies prouinciae reddita.

55. 1 Nec multo post agrestium Cilicum nationes, quibus C*ie*tarum cognomentum, saepe et alias commotae, tunc, Troxobore duce, montes asperos castris cepere, atque inde decursu in litora aut urbes uim cultoribus et oppidanis ac plerumque in mercatores et nauicularios audebant. 2 Obsessaque ciuitas Anemuriensis, et missi e Syria in subsidium equites cum praefecto Curtio Seuero turbantur, quod duri circum loci peditibusque ad pugnam idonei equestre proelium haud patiebantur. Dein rex eius orae, Antiochus, blandimentis aduersum plebem, fraude in ducem, cum barba-

4 causis rebellionis *M recc.* : r- c- *L recc.* || ius statuendi *V58 L' recc.* : iusta tuendi *ML recc.* || receptum *M recc.* : receptumque *recc.* || damnatusque *L recc.* : -tosque *M recc.* dampnatos *rec.*

55, 1 Cietarum *A. Wilhelm* : clit- *ML recc.* dit- *recc.* dict- *rec.* || troxobore *M* : trosobore *recc.* arox- *recc.* arosobore *recc.* arosoboro *L recc.* rosobore *rec.* areseboro *rec.* aresebro *rec.* Troxoboro *Haase* || decursu *M recc.* : -sum *L recc.* discursu *rec.* cursu *recc.* || aut *M recc.* : ad *L recc.*

2 quod *M' L recc.* : et quod *M* qui *rec.* || circum loci *ML recc.* : duri locis M^m || peditibusque *M recc.* : -tesque *L recc.* pedibusque *recc.* || orae antiochus *M recc.* : orare antinous *recc.* orantichous *L recc.* orantic(o)us *recc.* orationibus *recc.* || fraude *recc.* : -em *ML recc.* || in ducem *M recc.* : inducere *L recc.* induere *recc.*

des barbares, et, après avoir fait périr Troxobor et quelques notables, il apaisa les autres par la clémence.

56. 1 Vers la même époque[1], après avoir coupé la montagne qui se dresse entre le lac Fucin et le Liris[2], pour montrer la magnificence de l'ouvrage à un plus grand nombre de spectateurs, on organise sur le lac même un combat naval, comme jadis Auguste en avait donné un sur un bassin aménagé autour du Tibre mais avec des bateaux plus petits et des forces moins nombreuses[3]. 2 Claude arma des trirèmes, des quadrirèmes et dix-neuf mille hommes[4] ; une enceinte de radeaux formait un cercle, pour empêcher toute fuite vagabonde, mais embrassait un espace suffisant pour laisser se déployer la vigueur des rameurs, l'habileté des pilotes, l'élan des navires et les manœuvres propres à un combat. Sur les radeaux avaient pris position des manipules et des escadrons des cohortes prétoriennes, devant lesquels étaient dressés des parapets, d'où l'on pût actionner des catapultes et des balistes. Le reste du lac était occupé par des soldats de marine sur des navires pontés. 3 Les rives, les collines et les sommets des montagnes, étagés en forme de théâtre, furent remplis par une foule innombrable, venue des municipes voisins et aussi de la Ville même, par goût du spectacle ou par déférence envers le prince. Lui-même, revêtu d'un magnifique manteau de guerre, et non loin Agrippine, portant une chlamyde en tissu d'or[5], présidèrent au combat. Celui-ci,

1. Le ch. 56 semble remonter à l'année 51, le ch. 57 à 52.
2. Le mont Salviano, entre le lac de Celano et le Garigliano, par un canal de 4 km, 500. Projeté par César, l'ouvrage aurait occupé 30.000 h. pendant 11 ans : cf. Suétone, *Cés.*, 44, 3 ; *Cl.*, 20, 2. Pline, *H.N.*, XXXVI, 124. Dion, LX, 11, 5. L'assèchement du lac ne put être réalisé qu'au XIXe s.
3. En 2 av. J.-C. Cf. *Mon. Anc.*, IV, 23 (30 trirèmes ou birèmes et 3.000 combattants). Suétone, *Aug.*, 43, 1.
4. Cf. Suétone, *Cl.*, 21, 6 (24 trirèmes). Dion, LX, 33, 3 (100 navires). Les chiffres varient donc beaucoup.
5. Cf. Pline, *H.N.*, XXXIII, 63 : *paludamento aureo textili sine alia materia.* Cf. 37, 4. *A.E.*, 1972, 152.

rorum copias dissociasset, Troxobore paucisque primoribus interfectis, ceteros clementia composuit.

56. 1 Sub idem tempus, inter lacum Fucinum amnemque Lirim perrupto monte, quo magnificentia operis a pluribus uiseretur, lacu in ipso nauale proelium adornatur, ut quondam Augustus structo *circa* Tiberim stagno, sed leuibus nauigiis et minore copia ediderat. 2 Claudius triremes quadriremesque et undeuiginti hominum milia armauit, cincto ratibus ambitu, ne uaga effugia forent, ac tamen spatium amplexus ad uim remigii, gubernantium artes, impetus nauium et proelio solita. In ratibus praetoriarum cohortium manipuli turmaeque adstiterant, antepositis propugnaculis, ex quis catapultae ballistaeque tenderentur. Reliqua lacus classiarii tectis nauibus obtinebant. 3 Ripas et colles, montium edita in modum theatri multitudo innumera compleuit, proximis e municipiis et alii Vrbe ex ipsa, uisendi cupidine aut officio in principem. Ipse insigni paludamento neque procul Agrippina chlamyde aurata praesedere. Pugnatum, quamquam

2 troxobore *recc.* : trosobore *recc.* roxoboro *M recc.* aroxobore *recc.* arosoboro *L recc.* aresobore *rec.* aresoboro *rec.* aresebore *recc.* trophore *recc.*

56, 1 circa *Zumpt* (*cf. Suet., Aug.*, 43, 1) : cis *ML recc.* trans *Urlichs* (*cf. Mon. Anc.*, 4, 43).

2 claudius *codd.* : claudius c(entum) *Lips.* || undeuiginti *M recc.* : inde u- *L recc.* unum de u- *recc.* unum et u- *rec.* unum de XXX *rec.* || hominum milia *M recc., Weiskopf* : milia hominum *L recc., Koestermann* || uaga *codd.* : uacua *Heins.* || tenderentur *M'L recc.* : -retur *M* tenduntur *rec.* traderentur *recc.*

3 montium *ML, Waszink* : ac montium *recc., Puteol.* montiumque *C. Haereus* || praesedere *Lips.* : praesidere *codd.*

quoique entre des criminels, fut livré avec le courage d'hommes valeureux [1], et, après maintes blessures, on les dispensa de s'entre-tuer.

57. 1 Mais, le spectacle achevé, on ouvrit passage aux eaux. Alors apparut l'imperfection de l'ouvrage, qui ne descendait pas assez bas, n'atteignant pas le fond du lac [2]. En conséquence, on prit le temps de creuser davantage le tunnel, puis, afin d'attirer de nouveau la foule, on donne un spectacle de gladiateurs sur des pontons dressés pour un combat pédestre. 2 Un banquet fut même servi près de la décharge du lac, et il provoqua une terrible panique, parce que la masse des eaux, en se précipitant avec violence, entraînait tout alentour, ébranlait ce qui était plus éloigné ou, par le fracas et le vacarme, y jetait l'épouvante [3]. Aussitôt Agrippine, mettant à profit la frayeur du prince, accuse le directeur des travaux, Narcisse [4], de cupidité et de vol. Et lui, loin de garder le silence, dénonce le caractère emporté de cette femme et son ambition démesurée.

58. 1 Sous le consulat de D. Junius [5] et de Q. Haterius, Néron, âgé de seize ans, reçut en mariage Octavie, fille de César [6]. Pour le faire briller par des occupations honorables et par la gloire de l'éloquence, on le chargea de plaider la cause d'Ilion [7] ; après avoir rappelé avec aisance l'origine troyenne des Romains, Énée fondateur de la lignée julienne et d'autres traditions proches de la fable [8], il obtient que les habitants d'Ilion soient

1. Suétone, *Cl.*, 21, 6, présente une version différente.
2. Texte incertain.
3. La panique est bien rendue par le rythme de la phrase.
4. Cf. XI, 29 sqq. ; XII, 1-2 ; 65-66 ; XIII, 1, 3. — Dion, LX, 33, 6.
5. Silanus Torquatus ; fils de Marcus (II, 59), frère de Lucius (XII, 3-4 ; 8), il dut se tuer en 64 ; cf. XV, 35, 3 ; XVI, 8, 1. Sur Q. Haterius Antoninus, cf. XIII, 34, 1. En 53.
6. Cf. 3, 2 ; 9 ; 25, 2 ; 41. Suétone, *Nér.*, 7. Dion, LX, 33, 2.
7. Cf. II, 54, 2 ; IV, 55, 2. — Suétone, *Cl.*, 25, 3.
8. Évocation poétique (*demissum*) et sceptique (*fabulis*).

inter sontes, fortium uirorum animo, ac post multum uulnerum occidioni exempti sunt.

57. 1 Sed, perfecto spectaculo, apertum aquarum iter. Et incuria operis manifesta fuit, haud satis depressi ad lacus ima [uel media]. Eoque, tempore interiecto, altius effossi specus, et contrahendae rursum multitudini gladiatorum spectaculum editur, inditis pontibus pedestrem ad pugnam. 2 Quin et conuiuium, effluuio lacus adpositum, magna formidine cunctos adfecit, quia uis aquarum prorumpens proxima trahebat, conuulsis ulterioribus aut fragore et sonitu exterritis. Simul Agrippina, trepidatione principis usa, ministrum operis, Narcissum, incusat cupidinis ac praedarum ; nec ille reticet, impotentiam muliebrem nimiasque spes eius arguens.

58. 1 D. Iunio, Q. *H*aterio consulibus, sedecim annos natus, Nero Octauiam, Caesaris filiam, in matrimonium accepit. Vtque studiis honestis et eloquentiae gloria enitesceret, causa Iliensium suscepta, Romanum Troia demissum et Iuliae stirpis auctorem Aeneam aliaque haud procul fabulis uetera facunde exsecutus,

3 inter sontes *M recc.* : i- fontes *recc.* i- fortes *rec.* i- insontes *L recc.* insontes inter *rec.* per insontes *rec.*

57, 1 apertum *codd.* : cum apertum *Fuchs* || iter et *recc.*, *Weiskopf* : iter *ML recc.* iter. Tum *Koestermann (?)* || ima *Acidal.* : ima uel media *ML recc.*, *Pfitzner* ima uel medii *Koestermann (?)* || eoque *L recc.* : eo quo *M recc.*

2 quin et *M''L recc.* : qui nec *M* || exterritis *L recc.* : -iti *M recc.* || spes eius *M'L recc.* : eius spes eius *M* spes *rec.*

58, 1 haterio *Lips.* : aut- *M recc.* ant- *L recc.* auturio *recc.* antorio *recc.* antonio *rec.* || honestis et eloquentiae *recc.* : h- el- *ML recc.* el- h- *rec.* || uetera *recc.*, *Rhen.* : uera *M recc.* uerum *L.*

exemptés de toute charge publique. 2 Le même orateur fait attribuer à la colonie de Bologne, détruite par un incendie, un secours de dix millions de sesterces [1]. La liberté est rendue aux Rhodiens, qui l'avaient souvent perdue ou affermie, selon qu'ils nous avaient servis dans des guerres étrangères [2] ou abandonnés par suite d'une sédition domestique [3]. Enfin, aux habitants d'Apamée [4], ruinés par un tremblement de terre, fut accordée la remise du tribut pour cinq ans.

59. 1 Mais Claude était poussé aux décisions les plus cruelles par les manœuvres de la même Agrippine : Statilius Taurus [5], célèbre par ses richesses, avait des jardins, qui excitaient sa convoitise [6] ; elle l'abattit grâce à une accusation de Tarquitius Priscus. Celui-ci avait été le légat de Taurus, gouverneur d'Afrique à pouvoir proconsulaire ; à leur retour, il dénonça un petit nombre de concussions, mais surtout il lui reprochait des superstitions magiques[7]. 2 Et l'autre ne supporta pas longtemps les impostures de l'accusateur et une humiliation indigne de lui : il attenta à ses jours avant le vote du sénat. Cependant Tarquitius fut chassé de la curie [8] : les sénateurs, par haine du délateur, remportèrent cette victoire sur les intrigues d'Agrippine.

60. 1 La même année, on entendit assez souvent ce propos du prince que les jugements rendus par ses procurateurs devaient avoir la même force que ses propres décisions [9]. Et, pour que ce mot ne parût pas

1. Suétone, *Nér.*, 7, mentionne ce discours et le suivant.
2. Contre les rois et les pirates.
3. En 44 : cf. Dion, LX, 24, 4. Présentation inversée.
4. En Phrygie. — De même II, 47, 2-3.
5. Titus. Consul en 44. Cf. XIV, 46, 1. *C.I.L.*, XV, 7542.
6. Pareille « convoitise » est attribuée à Messaline, XI, 1, 1.
7. Cf. II, 27, 2 ; XI, 15, 1 ; XII, 22, 1 ; XVI, 8, 2 ; 31, 1.
8. Réintégré, il fut encore condamné en 61 : cf. XIV, 46, 1.
9. Cf. Suétone, *Cl.*, 12, 1. — H. G. Pflaum, *Les procurateurs équestres*, 1950, p. 41 ; 151 sqq. E. Koestermann, *Komm.*, p. 211-3. P. A. Brunt, *Latomus*, 1966, p. 461-489.

perpetrat ut Ilienses omni publico munere soluerentur. 2 Eodem oratore, Bononiensi coloniae, igni haustae, subuentum centies sestertii largitione. Redditur Rhodiis libertas, adempta saepe aut firmata, prout bellis externis meruerant aut domi seditione deliquerant; tributumque Apamensibus, terrae motu conuulsis, in quinquennium remissum.

59. 1 At Claudius saeuissima quaeque promere adigebatur eiusdem Agrippinae artibus, quae Statilium Taurum, opibus inlustrem, hortis eius inhians, peruertit, accusante Tarquitio Prisco. Legatus is Tauri, Africam imperio proconsulari regentis, postquam reuenerant, pauca repetundarum crimina, ceterum magicas superstitiones obiectabat. 2 Nec ille diutius falsum accusatorem indignasque sor*d*es perpessus, uim uitae suae attulit ante sententiam senatus. Tarquitius tamen curia exactus est, quod patres odio delatoris contra ambitum Agrippinae peruicere.

60. 1 Eodem anno saepius audita uox principis, parem uim rerum habendam a procuratoribus suis iudicatarum ac si ipse statuisset. Ac, ne fortuito prolapsus uideretur, senatus quoque consulto cautum,

1 perpetrat *M recc.* : impetrat *L recc.*

2 redditur *codd.* : reddita *Nipperdey.*

59, 1 peruertit *M recc.* : praeu- *L recc.* || legatus *M recc.* : -to *L recc.* || is *M recc.* : iis *recc.* hiis *rec.* ins *recc. om. L recc.*

2 indignasque *L recc.* : indigna *M recc.* indignas *Jacob* || sordes *Heins.* : sortes *ML recc.* sorte *recc. om. rec.*

60, 1 iudicatarum *L recc., Rhen.* : -turum *M recc.* - torum *recc.* uindicatorum *rec.*

lui avoir échappé à la légère, on prit aussi par sénatus-consulte des dispositions plus complètes et plus détaillées qu'auparavant. 2 Déjà le divin Auguste avait donné aux membres de l'ordre équestre qui gouvernaient l'Égypte[1] la compétence légale et avait conféré à leurs décrets autant de valeur que s'ils avaient été rendus par des magistrats romains ; puis on leur accorda dans d'autres provinces et dans la Ville même le droit de traiter un grand nombre d'affaires qui relevaient jadis des préteurs[2]. 3 Claude leur livra l'ensemble de la justice, qui avait donné lieu à tant de séditions ou de luttes à main armée, lorsque les propositions de lois semproniennes[3] mettaient l'ordre équestre en possession des tribunaux ou qu'à leur tour les lois serviliennes[4] rendaient les tribunaux au sénat et que ce droit était jadis le principal enjeu des guerres entre Marius et Sylla[5]. 4 Mais alors la passion politique divisait les ordres de l'État, et le parti vainqueur dominait officiellement. C. Oppius et Cornelius Balbus[6] furent les premiers que la puissance de César mit en état de négocier la paix et d'arbitrer la guerre. Rappeler ensuite les Matius[7], les Vedius[8] et les autres chevaliers romains fameux par leur puissance[9] serait sans intérêt, puisque Claude a rendu les affranchis qu'il avait préposés à ses affaires personnelles égaux à lui-même et aux lois.

61. 1 Il proposa ensuite d'accorder l'immunité aux habitants de Cos[10] et s'étendit longuement sur leur antiquité : les Argiens ou Coeus, père de Latone, avaient

1. Gouvernée par un préfet et gardée par deux légions, elle appartenait en principe à l'empereur ; cf. II, 59, 3 ; IV, 5, 2.
2. Ce terme englobe les gouverneurs : cf. IV, 15, 2.
3. La loi de C. Gracchus en 122.
4. Celle de Servilius Caepio en 106.
5. Jugement excessif. Sur Sylla, cf. XI, 22, 6.
6. Confidents de César. Cf. XI, 24, 3.
7. Ami de César et d'Auguste, correspondant de Cicéron.
8. Pollio. Aussi riche que cruel ; cf. I, 10, 5.
9. Tels Mécène et Sallustius Crispus : cf. III, 30.
10. Cf. II, 75, 2 ; IV, 14, 1. Coeus est un Titan.

plenius quam antea et uberius. 2 Nam diuus Augustus apud equestres qui Aegypto praesiderent lege agi decretaque eorum proinde haberi iusserat ac si magistratus Romani constituissent ; mox alias per prouincias et in Vrbe pleraque concessa sunt, quae olim a praetoribus noscebantur. 3 Claudius omne ius tradidit, de quo totiens seditione aut armis certatum, cum Semproniis rogationibus equester ordo in possessione iudiciorum locaretur aut rursum Seruiliae leges senatui iudicia redderent, Mariusque et Sulla olim de eo uel praecipue bellarent. 4 Sed tunc ordinum diuersa studia, et quae uicerant publice ualebant. C. Oppius et Cornelius Balbus primi Caesaris opibus potuere condiciones pacis et arbitria belli tractare. Matios posthac et Vedios et cetera equitum Romanorum praeualida nomina referre nihil attinuerit, cum Claudius libertos quos rei familiari praefecerat sibique et legibus adaequauerit.

61. 1 Rettulit dein de immunitate Cois tribuenda, multaque super antiquitate eorum memorauit : Argiuos uel *Coeum*, Latonae parentem, uetustissimos insulae

2 equestres *M'' recc., Weiskopf* : -tre *M* equites *L, Koestermann* equites Romanos *Baiter* || proinde *L recc.* : prode *M* perin *M*[m] perinde *recc.* || romani *ML recc.* : populi Romani *Nipperdey.*

3 aut *M recc.* : ut *recc.* et *L* || iudicia *M recc.* : iudicum i- *L recc.*

4 uicerant *codd.* : euicerant *Heins.* || uedios *M recc.* : uadios *recc.* fadios *L* || libertos *M recc., Weiskopf* : libertos suos *L recc., Koestermann.*

61, 1 argiuos *M'L recc.* : argios *M recc.* || uel *M recc.* : etiam *L recc.* || Coeum *Mercier* : cum *codd.* || parentem *M recc.* : -te *L recc.*

les premiers résidé dans l'île ; puis l'arrivée d'Esculape [1] y avait introduit l'art de la médecine, qui était resté particulièrement en honneur chez ses descendants [2], — en indiquant le nom de chacun et l'époque où il avait brillé. 2 Il ajouta même que Xénophon [3], à la science duquel il avait lui-même recours, était issu de la même famille et qu'il fallait accorder à ses prières l'exemption de tout tribut à l'avenir pour faire de Cos une terre sacrée, vouée exclusivement au culte du dieu. Il n'est pas douteux qu'on aurait pu rappeler de nombreux services rendus par ces mêmes habitants au peuple romain et les victoires auxquelles ils étaient associés [4] ; mais Claude, qui, avec sa complaisance habituelle [5], avait accordé une faveur personnelle, ne chercha pas à la masquer par des arguments extrinsèques.

62. Au contraire les Byzantins [6], autorisés à prendre la parole, implorèrent du sénat la remise de lourdes charges en énumérant tous leurs titres. Ils commencèrent par le traité conclu à l'époque de notre guerre contre le roi de Macédoine qui, à titre d'imposteur, fut appelé Pseudo-Philippe [7] ; ils invoquaient ensuite les troupes envoyées contre Antiochus, Persée et Aristonicus [8], l'aide fournie à Antonius pendant la guerre des pirates [9], les secours offerts à Sylla, Lucullus ou Pompée [10], puis les services rendus récemment aux Césars [11], parce qu'ils habitaient un territoire bien placé pour

1. Version propre à Claude. La tradition fixe Asclépios à Epidaure, d'où son culte a rayonné.
2. Les Asclépiades, parmi lesquels Hippocrate, né en 460.
3. Devenu C. Stertinius. Cf. 67, 2. Pline, *H.N.*, XXIX, 7-8.
4. Contre Persée en 190 et Mithridate en 88 : cf. IV, 14, 2.
5. De même XI, 28, 2. Ironie sous-jacente.
6. Rattachés au proconsul de Bithynie (cf. Pline le Jeune *Ep.*, X, 43-44), ils s'adressent au sénat.
7. Andriscus, vaincu en 148 ; cf. Tite-Live, *Per.*, 49-50.
8. Vers 190 ; — 171-168 ; — 132-129.
9. Le père de Marc Antoine, en 74-71.
10. Contre Mithridate ou contre les pirates.
11. Contre les Thraces et contre Mithridatès ; cf. 63, 3.

cultores; mox aduentu Aesculapii artem medendi inlatam maximeque inter posteros eius celebrem fuisse — nomina singulorum referens et quibus quisque aetatibus uiguissent. 2 Quin etiam dixit Xenophontem, cuius scientia ipse uteretur, eadem familia ortum, precibusque eius dandum ut, omni tributo uacui in posterum, Coi sacram et tantum dei ministram insulam colerent. Neque dubium habetur multa eorundem in populum Romanum merita sociasque uictorias potuisse tradi; se*d* Claudius, facilitate solita quod uni concesserat, nullis extrinsecus adiumentis uelauit.

62. At Byzantii, data dicendi copia, cum magnitudinem onerum apud senatum deprecarentur, cuncta repetiuere. Orsi a foedere quod nobiscum icerant, qua tempestate bellauimus aduersus regem Macedonum cui, ut degeneri, Pseudophilippi uocabulum impositum, missas posthac copias in Antiochum, Persen, Aristonicum, et piratico bello adiutum Antonium memorabant, quaeque Sullae aut Lucullo aut Pompeio obtulissent, mox recentia in Caesares merita, quando ea loca insiderent quae transmeantibus terra marique

2 tantum *M recc.* : tanti *L recc.* || habetur *L', Lips.* : haberetur *ML recc.* haberentur *rec.* haberent *recc.* || potuisse *M'L* : -et *M recc.* patuisse *recc.* patuisset *recc.* || tradi set *Rhen.* : tradidisset *M recc.* tradidisse *L recc.*

62, byzantii *recc.* : biz- *M recc.* byzantiis *L rec.* bysantiis *rec.* || memorabant quaeque *recc., Acidal.* : memorabantque quae *M* memorabantque *recc.* memorantque quae *L.*

favoriser le passage, par terre ou par mer, de chefs et d'armées, ainsi que le transport des approvisionnements.

63. 1 De fait[1], c'est à l'endroit où l'Europe et l'Asie sont séparées par l'intervalle le plus étroit, à l'extrémité de l'Europe, que Byzance fut établie par les Grecs[2] ; ayant consulté Apollon Pythien sur le lieu où fonder la ville, ils reçurent de l'oracle la réponse de chercher un emplacement face à la terre des aveugles[3]. 2 Cette énigme désignait les Chalcédoniens[4], qui, arrivés les premiers à cet endroit et ayant vu l'avantage de la position[5], en avaient choisi une autre plus mauvaise. En effet, Byzance a un sol fertile et une mer féconde, parce que des bancs énormes de poissons, se précipitant hors de l'Euxin et apercevant une barre de rochers obliques sous les eaux, s'écartent effrayés de l'autre rive et refluent vers ce port[6]. 3 Ce fut d'abord une source de profit et de richesse ; ensuite, accablés par l'importance des charges, ils en sollicitaient la suppression ou la réduction ; le prince les appuya, en disant que les guerres de Thrace[7] et du Bosphore[8] venaient de les épuiser et qu'il fallait les soulager. Dans ces conditions, on leur fit pour cinq ans remise des tributs.

64. 1 Sous le consulat de M. Asinius et de M'. Acilius[9], on apprit que de funestes changements étaient annoncés

1. Ce passage est inspiré par la digression de Salluste sur le Pont : cf. 20, 1. R. Syme, *Eranos*, 55, 1957, p. 171 sqq.
2. Des colons de Mégare, au milieu du VIIe s.
3. De même Strabon, VII, 6, 2, p. 320. Hérodote, IV, 144, 2, attribue la réponse au général perse Megabazos.
4. Leur ville (auj. Kadikioi) avait été fondée aussi par Mégare, dix-sept ans plus tôt, selon Hérodote, *loc. cit.*
5. Vantée aussi par Polybe, IV, 38 ; 43-44.
6. Cf. Strabon, *loc. cit.* Pline, *H.N.*, IX, 50.
7. En 46, quand la Thrace devint province romaine. Cf. déjà IV, 46-48 (en 26).
8. En 49, contre Mithridatès : cf. 15-21.
9. Marcellus et Aviola. Cf. Suétone, *Cl.*, 45-6. En 54.

ducibus exercitibusque, simul uehendo commeatu opportuna forent.

63. 1 Namque artissimo inter Europam Asiamque diuortio Byzantium in extremo Europae posuere Graeci, quibus, Pythium Apollinem consulentibus ubi conderent urbem, redditum oraculum est, quaererent sedem *c*aecorum terris aduersam. 2 Ea ambage Chalcedonii monstrabantur, quod priores illuc aduecti, praeuisa locorum utilitate, peiora legissent. Quippe Byzantium fertili solo, fecundo mari, quia uis piscium immensa, Pontum erumpens et obliquis subter undas saxis exterrita, omisso alterius litoris flexu, hos ad portus defertur. 3 Vnde primo quaestuosi et opulenti; post, magnitudine onerum urgente, finem aut modum orabant, adnitente principe, qui Thraecio Bosporanoque bello recens fessos iuuandosque rettulit. Ita tributa in quinquennium remissa.

64. 1 M. Asinio, *M'*. Acilio consulibus, mutationem rerum in deterius portendi cognitum est crebris pro-

62 ducibus *M recc.* : duobus *L recc.* || exercitibusque *M recc.* : exercitibus quae *rec.* exercitibus *L.*

63, 1 extremo europae *L recc.* : -ma -pa *M recc.* || caecorum *Rhen.* : grae- *codd.*

2 praeuisa *M recc* : prouisa *rec.* non prouisa *L om. rec.* parum uisa *Lips.* || quia *M recc.* : qua *L recc.* || inmensa *Ruperti* : in meta *M recc.* inmetla *L* inmetsa *L' (?)* inuecta *rec.*

64, 1 M. Asinio *Vertran.* : masilinio *M recc.* m. as(s)il(l)in(i)o *recc.* masilino *recc.* massilio *recc.* m. asillio *rec.* m. asilmo *recc.* m. asilnio *recc.* m. asilano *rec.* m. agilino *L* || M'. Acilio *Ernesti* : m. acilio *L recc.* macilio *M recc.* m. accilio *recc.* at(t)illio *recc.* m.asilio *rec.*

dans l'État par maints prodiges. Des enseignes et des tentes militaires furent brûlées par le feu du ciel[1] ; au faîte du Capitole vint se poser un essaim d'abeilles[2] ; on raconta qu'étaient venus au monde des êtres humains à double forme ainsi qu'un porc muni de serres d'épervier. On comptait encore parmi les prodiges la diminution du nombre de tous les magistrats, un questeur, un édile, un tribun, un préteur et un consul étant morts en l'espace de quelques mois. 2 Mais la plus bouleversée par la crainte était Agrippine, qui redoutait une parole[3] échappée à Claude dans l'ivresse, à savoir qu'il avait pour destinée de supporter les turpitudes de ses femmes et de les punir ensuite ; elle résolut d'agir au plus tôt, en perdant d'abord Domitia Lepida[4] pour des raisons bien féminines, parce que Lepida, fille d'Antonia la Jeune, petite-nièce d'Auguste, cousine germaine du père d'Agrippine et sœur de son mari Gnaeus, se croyait son égale en noblesse. 3 Ni la beauté, ni l'âge, ni les richesses ne différaient beaucoup de l'une à l'autre ; et toutes deux, impudiques, décriées, violentes, étaient rivales par leurs vices non moins que par les succès dus à la fortune[5]. Mais en fait la querelle la plus vive était à qui, de la tante ou de la mère, aurait le plus d'ascendant sur Néron : Lepida, à force de cajoleries et de largesses, enchaînait ce jeune cœur[6] ; au contraire, sévère et menaçante[7], Agrippine, capable de donner l'empire à son fils, ne pouvait souffrir qu'il en fût le maître[8].

1. Feu dit Saint-Elme ; cf. XV, 7, 2.
2. Cf. 43. Cicéron, *De H.R.*, 25. Pline, *H.N.*, XI, 55.
3. Citée en détail par Suétone, *Cl.*, 43. Cf. Josèphe, *Ant.*, XX, 151. Dion, LX, 34, 1-2.
4. Fille de L. Domitius Ahenobarbus et d'Antonia l'Aînée (même erreur IV, 44, 2), petite-nièce d'Auguste (même sens II, 43, 5), cousine de Germanicus, sœur de Cn. Domitius Ahenobarbus (IV, 75), mère de Messaline (XI, 37, 3), tante de Néron. Sur *sobrina prior*, cf. J. André, *Rev. Phil.*, 1968, p. 42-48.
5. Critique psychologique renforcée par des effets littéraires.
6. Cf. Suétone, *Cl.*, 6, 3.
7. De même 22, 1. Autre drame de la jalousie XIII, 19, 2.
8. Brillante *sententia*, avec zeugma et paronomase.

digiis. Signa ac tentoria militum igne caelesti arsere; fastigio Capitolii examen apium insedit; biformes hominum partus, et suis fetum editum cui accipitrum ungues inessent. Numerabatur inter ostenta deminutus omnium magistratuum numerus, quaestore, aedili, tribuno ac praetore et consule paucos intra menses defunctis. 2 Sed in praecipuo pauore Agrippina, uocem Claudii, quam temulentus iecerat, fatale sibi ut coniugum flagitia ferret, dein puniret, metuens, agere et celerare statuit, perdita prius Domitia Lepida muliebribus causis, quia Lepida, minore Antonia genita, auunculo Augusto, Agrippinae sobrina prior ac Gnaei, mariti eius, soror, parem sibi claritudinem credebat. 3 Nec forma, aetas, opes multum distabant; et utraque impudica, infamis, uiolenta, haud minus uitiis aemulabantur quam si qua ex fortuna prospera acceperant. Enimuero certamen acerrimum, amita potius an mater apud Neronem praeualeret : nam Lepida blandimentis ac largitionibus iuuenilem animum deuinciebat, truci contra ac minaci Agrippina, quae filio dare imperium, tolerare imperitantem nequibat.

1 fastigio *codd.* : fastigium *Nipperdey* || partus *M'L* : paratus *M* partum *rec.* || editum *L recc.* : ediditum *M* edidit *M'*, *Andresen* editum esse creditum *Madvig* || aedili *L recc.* : aelidi *M recc* aedile *Ritter* || tribuno ac *M recc.* : act- *L* || et *M recc.* : *om.* *L*

2 Domitia Lepida *L*[m], *Pichena* : domitiale *M recc.* d- *L recc.* domicilie *rec.* domitia leuibus et *recc.* leuibus et *recc.* || quia *L' recc.* : qua *ML recc.* || prior *ML recc.* : propior *Vertran.* *om.* *rec.* || gnaei *codd.*, *Sörbom* : Gnaei Domiti, prioris *Andresen.*

3 uiolenta *M recc.* : uinolenta *L recc.* uiolente *rec.* || ac *M recc.* : et *L recc.* || deuinciebat *M' recc.* : -cebat *M recc.* -cibat *rec.* demulcebat *L rec.* || imperitantem *M recc.* : -rantem *L.*

65. 1 Quoi qu'il en soit, Lepida fut accusée d'avoir eu recours contre l'épouse du prince à des envoûtements [1] et d'entretenir en Calabre des bandes d'esclaves peu disciplinées, qui troublaient la paix de l'Italie [2]. Ces griefs entraînèrent un arrêt de mort [3], malgré la vive opposition de Narcisse [4], qui, se défiant de plus en plus d'Agrippine, avait confié, disait-on, à ses intimes que sa perte était assurée, soit que Britannicus, soit que Néron prît le pouvoir ; mais que sa reconnaissance envers César l'obligeait à donner sa vie pour le bien du prince. 2 Il avait prouvé la culpabilité de Messaline et Silius ; il y aurait à nouveau des motifs aussi valables d'accuser si Néron devenait empereur ; si Britannicus succédait à Claude, le prince n'avait rien à craindre. Mais les intrigues d'une marâtre bouleversaient tout le palais, et il aurait plus de honte à se taire que s'il avait passé sous silence l'impudicité de la précédente épouse. D'ailleurs l'impudicité non plus ne faisait pas maintenant défaut à celle qui avait Pallas pour amant et qui mettait hors de doute que la décence, l'honneur, son corps, tout avait pour elle moins de valeur que le pouvoir [5]. 3 En tenant ces propos et d'autres semblables, il embrassait Britannicus [6], il priait les dieux de hâter le plus possible pour lui la force de l'âge, il tendait les mains tantôt vers eux, tantôt vers le jeune homme : qu'il grandît, qu'il chassât les ennemis de son père, qu'il punît même les meurtriers de sa mère.

66. 1 Sous le poids de tels soucis, il tombe malade et, pour rétablir ses forces par la douceur du climat et la salubrité des eaux, il se rend à Sinuessa [7]. Alors

1. Cf. II, 69, 3.
2. Cf. IV, 27.
3. Néron témoigna contre elle, d'après Suétone, *Nér.*, 7, 1.
4. Cf. XI, 29 sqq. ; XII, 1-2 ; 57, 2 ; XIII, 1, 3.
5. Cf. XII, 7, 3 ; 25, 1 ; XIV, 2, 2.
6. Ce geste et ces propos sont attribués avec plus de vraisemblance à Claude par Suétone, *Cl.*, 43. Tacite lui-même y revient dans les menaces d'Agrippine, XIII, 14, 2.
7. Sur la côte S. du Latium. Cf. Dion, LX, 34, 4.

65. 1 Ceterum obiecta sunt quod coniugem principis deuotionibus petiuisset quodque, parum coercitis per Calabriam seruorum agminibus, pacem Italiae turbaret. Ob haec mors indicta, multum aduersante Narcisso, qui, Agrippinam magis magisque suspectans, prompsisse inter proximos ferebatur certam sibi perniciem, seu Britannicus rerum seu Nero poteretur; uerum ita de se meritum Caesarem ut uitam usui eius impenderet. 2 Conuictam Messalinam et Silium; pares iterum accusandi causas esse, si Nero imperitaret; Britannico successore, nullum principi m*e*tum. A*t* nouercae insidiis domum omnem conuelli, maiore flagitio quam si impudicitiam prioris coniugis reticuisset. Quamquam ne impudicitiam quidem nunc abesse, Pallante adultero, ne quis ambigat decus, pudorem, corpus, cuncta regno uiliora habere. 3 Haec atque talia dictitans, amplecti Britannicum, robur aetatis quam maturrimum precari, modo ad deos, modo ad ipsum tendere manus, adolesceret, patris inimicos depelleret, matris etiam interfectores ulcisceretur.

66. 1 In tanta mole curarum, ualitudine aduersa corripitur, refouendisque uiribus mollitia caeli et salubritate aquarum Sinuessam pergit. Tum Agrippina,

65, 1 obiecta sunt *M recc.* : s- o- *L* || coniugem *M recc.* : -gium *L recc.* -gum *rec.*

2 et *M recc.* : ac *L* || si *M recc.* : nisi *L* || pares... esse *codd.* : *secl. Nipperdey* || si... successore *codd.* : *secl. Orelli* Britannico successore *secl. Nipperdey* || metum *Ferrarius* : meritum *codd.*, *Nipperdey* || at *Muret.* : ac *L recc.* ad *M* a *M' recc.* || maiore flagitio *M recc.* : f- m- *L* || quam *M recc.* : tacere q- *L* || habere *codd.* : haberi *Grotius.*

66, 1 ualitudine *recc.* : ualet- *ML* || tum *M recc.* : tunc *L recc.*

Agrippine, décidée au crime depuis longtemps, prompte à saisir l'occasion et ne manquant pas d'agents, délibéra sur la nature du poison : à l'effet soudain et précipité, il trahirait le crime ; si elle choisissait une substance lente et consomptive, Claude, approchant de l'heure suprême, pourrait deviner le complot et revenir à l'amour de son fils ; il lui fallait une drogue raffinée, qui troublât la raison et différât la mort [1]. 2 On choisit une femme habile à ces pratiques, nommée Locuste [2], qui avait été condamnée récemment pour empoisonnement et fut rangée longtemps parmi les instruments du règne. Cette femme imagina et prépara un poison, qui fut administré par un des eunuques, Halotus [3], chargé de servir les mets et de les goûter [4].

67. 1 Et tous les détails du crime devinrent bientôt si notoires que les historiens de cette époque [5] ont relaté que le poison fut injecté dans un cèpe succulent [6] et que l'effet de la drogue ne fut pas aussitôt perçu, étant donné la torpeur habituelle ou l'ivresse de Claude [7] ; en même temps, un dérangement de corps semblait l'avoir secouru [8]. 2 Aussi Agrippine, épouvantée, sachant qu'elle avait tout à craindre, décida-t-elle de braver la réprobation des assistants et de recourir au médecin Xénophon [9], dont elle s'était assuré d'avance la complicité. Lui, sous prétexte d'aider les efforts de Claude pour vomir,

1. Effets de rythme, de chiasme et d'assonance.
2. Cf. XIII, 15, 3. Suétone, *Nér.*, 33, 2-3 ; 47, 1 ; Juvénal, I, 71. Dion, LXIV, 3, 4.
3. Cf. Suétone, *Cl.*, 44, 2 ; *Galba*, 15, 2.
4. Cf. XIII, 16, 1. *C.I.L.*, VI, 9003 : *praegustatores*.
5. Tacite semble suivre Pline l'Ancien, hostile à Agrippine. Suétone, *Cl.*, 44, indique plusieurs versions.
6. Le texte *boleto* est confirmé par tous les témoignages : Pline, *H.N.*, XXII, 92. Suétone, *Cl.*, 44, 2 ; *Nér.*, 33, 1. Dion, LXI, 34, 2. Martial, I, 20, 4. Juvénal, V, 146 ; VI, 620. Cf. P. Wuilleumier, *Rev. Et. Lat.*, 1975 ; *Mél. Heurgon*, Rome, 1976, t. II, p. 1033-1034.
7. Texte et sens contestés. Le vin passait pour retarder l'effet du poison : cf. Tite-Live, XXVI, 14, 5.
8. Comme Britannicus, XIII, 15, 4.
9. Cf. 61, 2.

sceleris olim certa et oblatae occasionis propera nec ministrorum egens, de genere ueneni consultauit : ne repentino et praecipiti facinus proderetur ; si lentum et tabidum delegisset, ne, admotus supremis Claudius et dolo intellecto, ad amorem filii rediret ; exquisitum aliquid placebat, quod turbaret mentem et mortem differret. 2 Deligitur artifex talium, uocabulo Locusta, nuper ueneficii damnata et diu inter instrumenta regni habita. Eius mulieris ingenio paratum uirus, cuius minister e spadonibus fuit Halotus, inferre epulas et explorare gustu solitus.

67. 1 Adeoque cuncta mox pernotuere ut temporum illorum scriptores prodiderint infusum delectabili boleto uenenum, nec uim medicaminis statim intellectam, socordiane an Claudii uinolentia ; simul soluta aluus subuenisse uidebatur. 2 Igitur exterrita Agrippina et, quando ultima timebantur, spreta praesentium inuidia, prouisam iam sibi Xenophontis medici conscientiam adhibet. Ille, tamquam nisus euomentis adiuuaret, pinnam, rapido ueneno inlitam, faucibus eius

1 propera *M recc.* : praepropera *L* prospera *recc.*

2 locusta *M'L recc.* : luc- *M* || nuper ueneficii *M recc.* : u- n- *L om. rec.*

67, 1 boleto *M'(?), Wurm Koestermann* : cibo leto *M recc.* cibo et leto *L recc.* cibo boletorum *V58 recc., Weiskopf* cibo boleto *Jac. Gronov.* cibo *Orelli Fuchs* || socordiane *M recc.* : socordia mentis *L* socordiam necis *recc.* secordiam necis *rec.* socordia *Rhen.* || an *M' V58 recc.* : ad *M recc.* a *L* || claudii *M recc.* : -dium *recc.* -dio *L ante* an *transf. Rhen. del. Jackson* || uinolentia *recc.* : ui an u- *M recc.* bili an u- *L recc.* bili ac u- *recc.* hi an u- *recc.* namii an u- *rec.* (ui an) uiolentia *recc.*

2 adiuuaret *ML* : -re *M' rec.* || pinnam *M recc.* : pennam *L recc.* primam *rec.* prunam *rec.*

lui enfonça, croit-on, dans la gorge une plume[1] enduite d'un poison rapide[2], n'ignorant pas que, s'il y a danger à commencer les plus grands crimes, il y a profit à les consommer[3].

68. 1 Cependant on convoquait le sénat ; les consuls et les prêtres formulaient des vœux[4] pour la santé du prince, tandis que, déjà sans vie, on le couvrait de couvertures et d'enveloppements[5], le temps de prendre les dispositions nécessaires pour assurer l'empire à Néron. 2 Tout d'abord, Agrippine, feignant d'être vaincue par la douleur et de chercher des consolations, va serrer Britannicus dans ses bras, l'appeler la vivante image de son père et déployer maints artifices pour l'empêcher de sortir de sa chambre. 3 Elle retint aussi ses sœurs, Antonia et Octavie[6] ; des gardes avaient fermé sur son ordre toutes les issues ; et elle publiait à tout moment que la santé du prince s'améliorait[7], afin de donner bon espoir aux soldats et d'attendre le moment favorable annoncé par les Chaldéens[8].

69. 1 Alors, à midi, le troisième jour avant les ides d'octobre[9], les portes du palais s'ouvrent tout à coup, et Néron, accompagné de Burrus[10], s'avance vers la cohorte qui, selon l'usage militaire, monte la garde. Là, sur l'exhortation du préfet, il est accueilli par des cris d'allégresse et placé dans une litière. Quelques soldats hésitèrent, dit-on, regardant derrière eux et demandant à maintes reprises où était Britannicus[11] ; puis, en l'absence

1. Selon la coutume attestée par Suétone, *Cl.*, 33, 1.
2. Comme pour Burrus, XIV, 51, 1.
3. Sur cette brillante *sententia*, cf. *H.*, I, 55, 1.
4. Formule rituelle. Allitération et chiasme.
5. A l'inverse de Tibère, VI, 50, 5. Même expression I, 69, 1.
6. Cf. 2, 1 ; 9 ; 58, 1.
7. Comme Livie à la mort d'Auguste, I, 5, 4.
8. Les astrologues. Cf. 22, 1 ; 52, 1 ; VI, 22, 4 ; XIV, 9, 3.
9. Le 13 octobre : cf. Sénèque, *Apoc.*, 3-4. Suétone, *Cl.*, 45. Dion, LX, 34, 3. *C.I.L.*, VI, 2041.
10. Préfet du prétoire ; cf. 42, 1.
11. Cf. 26, 2 ; 41, 2.

demisisse creditur, haud ignarus summa scelera incipi cum periculo, peragi cum praemio.

68. 1 Vocabatur interim senatus, uotaque pro incolumitate principis consules et sacerdotes nuncupabant, cum, iam exanimis, uestibus et fomentis obtegeretur, dum quae res forent firmando Neronis imperio componuntur. 2 Iam primum Agrippina, uelut dolore uicta et solacia conquirens, tenere amplexu Britannicum, ueram paterni oris effigiem appellare ac uariis artibus demorari, ne cubiculo egrederetur. 3 Antoniam quoque et Octauiam, sorores eius, attinuit, et cunctos aditus custodiis clauserat, crebroque uulgabat ire in melius ualitudinem principis, quo miles bona in spe ageret tempusque prosperum ex monitis Chaldaeorum aduentaret.

69. 1 Tunc medio diei, tertium ante Idus Octobres, foribus Palatii repente diductis, comitante Burro, Nero egreditur ad cohortem, quae, more militiae, excubiis adest. Ibi, monente praefecto, festis uocibus exceptus, inditur lecticae. Dubitauisse quosdam ferunt, respectantes rogitantesque ubi Britannicus esset ; mox,

68, 1 uocabatur *M' recc.* : uac- *M* uexab- *L'* uerab- *recc.* uereb- *L recc.* uetab- *rec.* utebatur *rec.* || uotaque *M'L recc.* : uocat- *M* || dum quae res *L rec.* : dumque res *M recc.* dum res *recc.* dum quae *Ernesti* dum quae e re *Heins.*

2 uicta *ML recc.* : mota *recc.* euicta *Heins.*

3 ualitudinem *M recc.* : ualet- *L recc.*

69, 1 diductis *M recc.* : deductis *L recc.* diductus *recc.* || festis *codd.* : faustis *Ernesti* (*cf.* I, 35, 3 ; V, 4, 2) || rogitantesque *M'L* : cog- *M.*

de toute initiative contraire, ils suivirent l'impulsion qu'on leur donnait. 2 Porté au camp[1], Néron tint d'abord des propos adaptés aux circonstances[2] et promit ensuite une gratification égale aux largesses de son père[3] ; il est alors salué empereur d'un cri unanime. Le suffrage des soldats fut suivi par les décrets du sénat, et il n'y eut aucune hésitation dans les provinces[4]. 3 Les honneurs divins sont décernés à Claude[5], et ses funérailles célébrées avec le même cérémonial que celles du divin Auguste[6], car Agrippine voulait égaler la magnificence de sa bisaïeule Livie. Cependant le testament ne fut pas lu en public[7], pour éviter que la préférence donnée sur un fils à un beau-fils ne parût injuste et odieuse[8] à l'esprit de la foule et ne provoquât des troubles[9].

1. Des cohortes prétoriennes ; cf. 36, 2.
2. Dus sans doute à Sénèque : cf. XIII, 3, 1. Dion, LXI, 3, 1.
3. 15.000 sesterces par tête, d'après Suétone, *Cl.*, 10, 4.
4. Cf. XIII, 21, 4.
5. Cf. XIII, 2, 3.
6. Comparaison ironique. Cf. I, 8, 3-4.
7. Au sénat, comme celui d'Auguste (I, 8, 1-2). Cf. Suétone, *Cl.*, 44, 1. Dion, LXI, 1, 2, d'après lequel il fut détruit.
8. Allitération expressive.
9. L'histoire de Claude se termine, sans synthèse biographique, par ce terme lourd de menaces.

nullo in diuersum auctore, quae offerebantur secuti sunt. 2 Inlatusque castris Nero et congruentia tempori praefatus, promisso donatiuo ad exemplum paternae largitionis, imperator consalutatur. Sententiam militum secuta patrum consulta, nec dubitatum est apud prouincias. 3 Caelestesque honores Claudio decernuntur, et funeris sollemne perinde ac diuo Augusto celebratur, aemulante Agrippina proauiae Liuiae magnificentiam. Testamentum tamen haud recitatum, ne antepositus filio priuignus iniuria et inuidia animos uulgi turbaret.

2 consalutatur *L recc.* : consultatur *M recc.*

3 iniuria et *codd.* : iniuriae *Koestermann (?)*.

Post turbaret : Explicit cornelii taciti liber duodecimus. Incip. XIII *M*.

CORRIGENDA

	Au lieu de	lire
P. 12 (gauche), n. 3	excessif	invraisemblable
P. 13 (gauche), l. 3 e	excessif	excessive
P. 17 (gauche), l. 15	utiliées	utilisées
P. 59 (gauche), ch. XIX, l. 6	en ce sens :	en ce sens.
P. 59 (droite), ch. XIX, l. 5	mittit :	mittit.

P. 78 (gauche), n. 1, l. 1 et 2 lire « impérial » et « LXI, 3, 3 ».

P. 78 (gauche), n. 2 lire « d'après Dion, LX, 33, 2 ».

TABLE DES MATIÈRES.

*Ce volume,
le deux cent vingt-deuxième
de la série latine
de la Collection des Universités de France,
publié aux Éditions Les Belles Lettres,
a été achevé d'imprimer
en février 2022
par La Manufacture imprimeur
52202 Langres Cedex, France*

*N° d'édition : 10181
N° d'impression : 220139
Dépôt légal : février 2022*